HOUGHTON MIFFLIN
Lectura

Encantos

Autores principales
Principal Authors
Dolores Beltrán
Gilbert G. García

Autores de consulta
Consulting Authors
J. David Cooper
John J. Pikulski
Sheila W. Valencia

Asesores
Consultants
Yanitzia Canetti
Claude N. Goldenberg
Concepción D. Guerra

HOUGHTON MIFFLIN
Lectura
Herencia y futuro

HOUGHTON MIFFLIN

BOSTON

Front cover and title page photography by Tony Scarpetta.

Front and back cover illustrations are from *Carousel*, by Pat Cummings. Copyright © 1994 by Pat Cummings. Reprinted by permission of Simon & Schuster Books for Young Readers, an imprint of Simon & Schuster Children's Publishing Division. All rights reserved.

Acknowledgments begin on page 411.

Printed in the U.S.A.

ISBN: 0-618-18023-2

3456789-VH-11 10 09 08 07 06 05 04

Animales asombrosos 10

El gran partido
de pelota
Un cuento muskogee
narrado por Joseph Bruchac
ilustrado por Susan L. Roth

cuento
folklórico

Biblioteca fonética

- Un parque para Cerro
- El libro de Ramiro
- Marcos y
  los osos pandas
- Marina y
  los pajaritos
- En Campo Lindo
- Calixto va al dentista

Superlibro

De oruga a
mariposa
    *por Deborah
    Heiligman*

    autora premiada

¡Adelante!
Libros de práctica

Lin y su perrito
    por Becky Cheston

Libros del tema

Completamente
diferente
    *por Yanitzia
    Canetti*

Días de
perros
    *por Violeta
    Monreal*

En familia
118

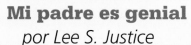
Biblioteca fonética

- Mi prima Patricia
- Un estupendo festín
- La clave del misterio
- Cuando sea grande...
- Tía Bianca halló su pastel
- Mi hermanito
- Juana y sus nueve hermanas
- La familia Flores

Superlibro

Las abuelas de Liliana
por Leyla Torres
autora premiada

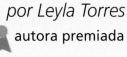

¡Adelante! Libros de práctica

Mi padre es genial
por Lee S. Justice

Libros del tema

¡Qué montón de tamales!
por Gary Soto

¡Qué sorpresa de cumpleaños!
por Loretta López

Biografía

¡Aplausos!

284

*ficción
realista*

Biblioteca fonética

- Eugenio pide auxilio
- Luisa, la ruidosa
- La clase de hoy
- Concurso de talentos
- Güicha
- Un oficio divertido

Superlibro

La banda de la calle Beale
por Art Flowers

¡Adelante!
Libros de práctica

La Feria del Condado
por Lee S. Justice

Libros del tema

El gallo Jacinto
por Ricardo Alcántara

El trompetista y la Luna
por Xelís de Toro

Animales asombrosos

Rima de los animales

Gato, pato, lindo perrito,
toro, sapo y conejito.

Oso hormiguero, oso polar,
gran cocodrilo, ballena del mar.

Tortugas, orugas, aves, ardillas,
elefantes gigantes. ¡Qué maravilla!

por Julio Ricardo Varela

Animales asombrosos

Contenido

Biblioteca fonética

- Un parque para Cerro
- El libro de Ramiro
- Marcos y los osos pandas
- Marina y los pajaritos
- En Campo lindo
- Calixto va al dentista

Superlibro

De oruga a mariposa
por Deborah Heiligman

Libros del tema

Completamente diferente
por Yanitzia Canetti

Días de perros
por Violeta Monreal

¡Adelante! Libros de práctica

Lin y su perrito
por Becky Cheston

Libros relacionados

Si te gusta...

El oficial Buckle y Gloria
por Peggy Rathmann

Si te gusta...

Las hormigas
por Rebecca Stefoff

Entonces lee...

Martha habla
por Susan Meddaugh

(Lectorum Publications)

Cuando la perrita Martha come sopa de letras, empieza a hablar… y hablar… y hablar.

Harry, el perrito sucio
por Gene Zion

(HarperCollins)

El perro Harry es tan sucio que su familia no lo reconoce.

Entonces lee...

Las huellas de los animales
por Arthur Dorros (Scholastic)

Las huellas que dejan distintos animales del bosque nos ayudan a identificar qué animales habitan en cada zona.

La Cucaracha Martina
por Daniel Moretón (Turtle Books)

Como a la cucaracha Martina no le gusta la vida en la gran ciudad, se va al campo.

Si te gusta...

El gran partido de pelota
por Joseph Bruchac

Entonces lee...

La lagartija y el sol
por Alma Flor Ada (Doubleday)

Cuando el sol desaparece, una lagartija ayuda a traer la luz para todos.

El día que la boa de Jimmy se comió la ropa
por Trinka Hakes Noble (Dial)

¡Qué día más divertido cuando la mascota de Jimmy va con él a una granja!

Tecnología

En Education Place

Añade tus informes de estos libros o lee los informes de otros estudiantes.

Education Place®

Visita www.eduplace.com/kids

Desarrollar conceptos

El oficial Buckle
y Gloria
por Peggy Rathmann

El oficial Buckle y Gloria

Vocabulario

atención
oficial
público
seguridad

Estándares

Lectura
* Reestablecer hechos y detalles

Oficiales de seguridad

A un **oficial** de policía que visita las escuelas para hablar sobre **seguridad** se le llama oficial de seguridad. En el cuento que vas a leer ahora, un oficial y su compañera dan discursos sobre seguridad en una escuela primaria. Igual que hace el **público** de este cuento, tú también deberías escuchar con mucha **atención** los discursos de los oficiales de seguridad. Ellos te explicarán cómo puedes prevenir accidentes para no lastimarte.

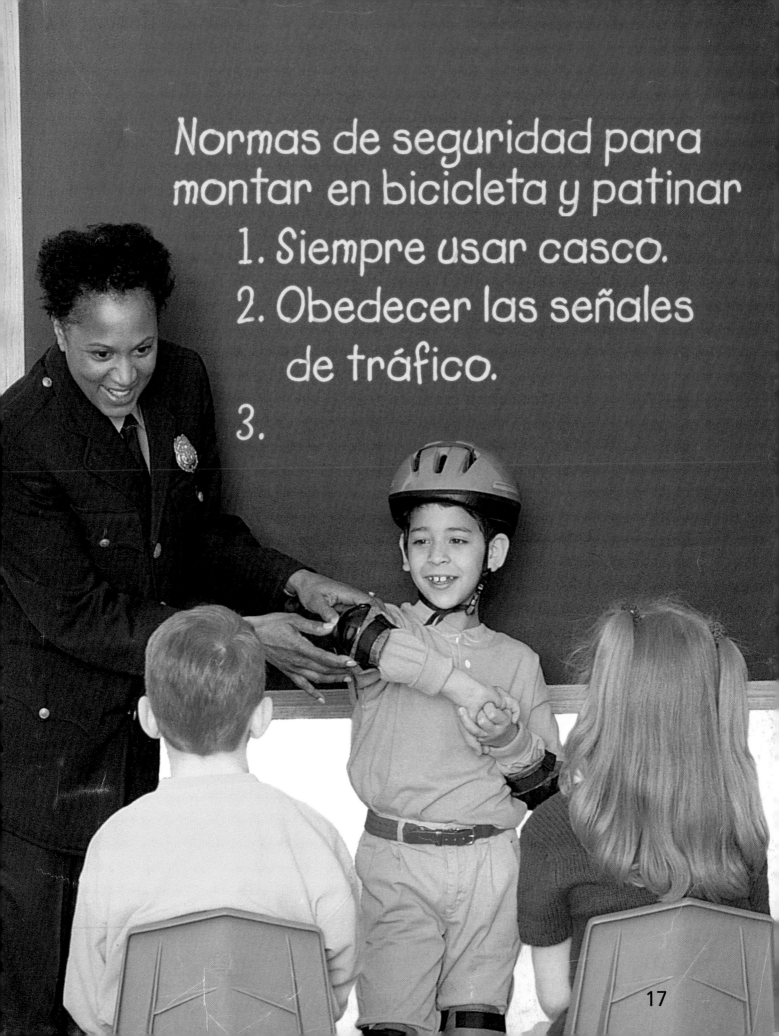

Normas de seguridad para montar en bicicleta y patinar
1. Siempre usar casco.
2. Obedecer las señales de tráfico.
3.

ARCHIVO DE DATOS

Conozcamos a la autora e ilustradora

Peggy Rathmann

- Peggy Rathmann nació en St. Paul, Minnesota.
- La primera vez que intentó escribir un libro para niños, ¡el libro tenía 150 páginas!
- El cuento *El oficial Buckle y Gloria* ganó la Medalla *Caldecott* en 1996.
- Los consejos de seguridad del oficial Buckle son ideas que Peggy Rathmann reunió de sus sobrinas, su sobrino y otros niños. Ella le dio veinticinco dólares a cada niño por cada consejo de seguridad que usó en el cuento.

Otros libros por Peggy Rathmann:
Ruby the Copycat
Good Night, Gorilla

Internet

Para descubrir lo mucho que la perrita de Peggy Rathmann se parece a Gloria, echa un vistazo a Education Place. **www.eduplace.com/kids**

El oficial Buckle y Gloria

por Peggy Rathmann

Los discursos sobre seguridad del oficial Buckle son más interesantes de lo que él esperaba. Al leer el cuento, **verifica** si entiendes todo lo que pasa.

El oficial Buckle sabía más consejos de
seguridad que nadie en Napville.

Cada vez que se le ocurría uno nuevo, lo
enganchaba en su tablón de anuncios.

Consejo de seguridad #77

NUNCA te pares sobre una SILLA GIRATORIA.

El oficial Buckle compartía sus
consejos con los estudiantes de la escuela
de Napville.

Nadie le hacía caso.

A veces hasta se oían ronquidos.

Luego, el día continuaba como de costumbre.
La Sra. Toppel, la directora, quitaba el anuncio
de bienvenida.

—NUNCA se pare sobre una SILLA
GIRATORIA —le dijo el oficial Buckle, pero la
Sra. Toppel no lo escuchó.

Un buen día, el departamento de policía de
Napville compró una perrita llamada Gloria.

Cuando llegó el día en que al oficial Buckle le
tocaba pronunciar su discurso de seguridad en la
escuela, Gloria lo acompañó.

24

—Niños, ésta es Gloria —anunció el oficial
Buckle—. Gloria obedece mis órdenes. ¡Gloria,
siéntate!

Y Gloria se sentó.

El oficial Buckle dio el Consejo de seguridad
número uno:

—¡MANTÉN amarrados los CORDONES de
tus zapatos!

Los niños se incorporaron y prestaron atención.

El oficial Buckle se viró para comprobar si Gloria estaba en atención. Y sí, lo estaba.

—Consejo de seguridad número dos —dijo el
oficial Buckle—. ¡SIEMPRE limpien los derrames
ANTES de que alguien RESBALE Y SE CAIGA!
Los niños pusieron los ojos redondos del asombro.

El oficial Buckle miró a Gloria otra vez.

—Buena perrita —le dijo.

El oficial Buckle pensó en un consejo de seguridad que había descubierto esa mañana.

"¡NUNCA dejen una TACHUELA donde se
vayan a SENTAR!"
El público explotó de risa.

El oficial Buckle sonrió y dio el resto de sus consejos con una gran variedad de gestos.

Los niños aplaudieron y vitorearon. Algunos hasta lloraron de la risa.

El oficial Buckle estaba sorprendido. Nunca se había dado cuenta de qué divertidos podían ser los consejos de seguridad.

Después de *este* discurso, no hubo ni un solo accidente.

Al día siguiente llegó un sobre enorme a la estación
de policía. Estaba repleto de cartas de agradecimiento
de los estudiantes de la escuela de Napville.

Cada carta incluía un dibujo de Gloria.

El oficial Buckle pensó que los dibujos mostraban
una gran imaginación.

Su carta favorita estaba escrita en una hoja de papel con forma de estrella y decía:

Gloria y usted forman un magnífico equipo.

Su amiga,
Clara

P. D. Yo siempre uso casco de protección. (Consejo de seguridad #7)

El oficial Buckle estaba colgando la carta de Clara en su tablón de anuncios cuando empezaron a sonar los teléfonos. Las escuelas primarias, secundarias y los círculos infantiles estaban llamando para pedir un discurso de seguridad.

"Oficial Buckle", le decían, "¡nuestros estudiantes quieren escuchar sus consejos de seguridad! Y por favor, traiga a esa famosa perrita policía".

El oficial Buckle dio sus consejos de seguridad
en 313 escuelas.

Dondequiera que él y Gloria iban, los niños
permanecían sentados y escuchaban.

Después de cada discurso, el oficial Buckle
llevaba a Gloria a tomar helado.

Al oficial Buckle le encantaba tener una amiguita.

Entonces un día, un equipo de noticias de la
televisión filmó al oficial Buckle en el auditorio del
colegio estatal.

Cuando él terminó de dar su Consejo número noventa y nueve, ¡NUNCA VAYAN A NADAR DURANTE UNA TORMENTA ELÉCTRICA!, los estudiantes saltaron de sus asientos y aplaudieron.

41

Esa noche, el oficial Buckle se vio en el
noticiero de las diez.

43

Al día siguiente, la directora de la escuela de Napville llamó a la estación de policía.

—¡Buenos días, oficial Buckle! ¡Hoy nos toca nuestro discurso de seguridad!

El oficial Buckle frunció el ceño.

—¡Ya no estoy dando más discursos! Total, nadie me hace caso.

—¡Ah! —dijo la Sra. Toppel—. Bueno, ¿y qué tal Gloria? ¿Podría venir ella?

Alguien de la estación de policía llevó a Gloria
hasta la escuela.

Primero, Gloria se sentó solita frente al público.
Luego, se quedó dormida. Y el público también.

Después que Gloria se fue, la escuela de Napville
tuvo el accidente más grande de todos…

Empezó con un derrame de pudín de banana.

¡Splach! ¡Splachi!

¡Sploch!

Todos se resbalaron hasta chocar con la

Sra. Toppel, quien gritó y soltó el martillo.

A la mañana siguiente, llegaron un montón de cartas a la estación de policía.

Cada carta contenía un dibujo del accidente.

El oficial Buckle no lo podía creer.

Al final de la pila había una nota escrita en un papel de estrella.

El oficial Buckle sonrió.

La nota decía:

Gloria le dio un gran beso en la nariz al oficial Buckle.

El oficial Buckle le dio a Gloria unas palmaditas en el lomo.

Luego, al oficial Buckle se le ocurrió su mejor consejo de seguridad…

Consejo de seguridad #101
¡NUNCA TE SEPARES DE UN BUEN COMPAÑERO!

El oficial Buckle y Gloria
por Peggy Rathmann

Piensa en la selección

1. Escoge dos consejos de seguridad del cuento. Explica por qué son importantes.

2. ¿Crees que son divertidas las ilustraciones de este cuento? ¿Por qué?

3. ¿Cómo crees que se sintió el oficial Buckle cuando se vio en el noticiero de las 10?

4. ¿Qué enseña este cuento sobre el trabajo en equipo y la amistad?

5. **Conectar/Comparar** ¿Es Gloria un animal asombroso? ¿Por qué?

 Expresar

Escribe una carta de agradecimiento

Los estudiantes de la escuela Napville enviaron cartas al oficial Buckle y a Gloria. Escribe tú también una carta de agradecimiento. Di al oficial Buckle y a Gloria lo que piensas de sus discursos. Cuéntales lo que aprendiste sobre seguridad.

Consejos

- Si no sabes cómo empezar, echa un vistazo a las cartas del cuento.
- No te olvides de poner la fecha, el saludo, la despedida y tu nombre.

 **Escritura**
Lenguaje
Escribir una carta amistosa
Comas: cartas, fechas, series

Haz un cartel de seguridad

Identifica los lugares de tu escuela en los que podrían ser útiles algunos consejos de seguridad. Haz un cartel para ilustrar uno de esos consejos. Asegúrate de explicar por qué los estudiantes deben seguir ese consejo.

Presenta un consejo de seguridad

Trabaja con un compañero. Juntos, piensen en un consejo de seguridad que su clase debería seguir. Después, uno de ustedes representa el consejo de seguridad, mientras el otro lo explica. Intenten que su presentación sea tan interesante como la del oficial Buckle y Gloria.

Consejos

- Escriban una lista con todos los consejos de seguridad que se les ocurran.
- Miren a sus compañeros cuando presenten el consejo de seguridad.

Completa un crucigrama en Internet

¿Qué fue lo que empezó con un pudín de banana? Completa el crucigrama de Education Place para comprobar lo que aprendiste del cuento.

www.eduplace.com/kids

Destreza: Cómo leer un mapa

❶ Busca una **clave,** o **leyenda,** que indique lo que significan los símbolos y los colores del mapa.

❷ Usa una **rosa de los vientos** para saber dónde está el norte, el sur, el este y el oeste.

❸ Lee los **rótulos** para encontrar las ciudades, los estados y todos los demás lugares que muestra el mapa.

Estándares

Lectura

• **Información de tablas y gráficas**

La historia de Owney

de *Postal Pack,* una publicación del Museo Nacional de Correos y el Smithsonian Institution para estudiantes de enseñanza primaria

Hace más de cien años, un perrito vagabundo entró en una oficina de correos y se acomodó entre los sacos del correo. Le encantaba viajar con el correo. Una vez, cuando un saco se cayó accidentalmente de un vagón, Owney se quedó al lado del saco para protegerlo hasta que los empleados de correos llegaran a recogerlo.

Éstas son sólo algunas de las ciudades que Owney visitó.

Owney se convirtió en un perro famoso. Se subía a los trenes del correo siempre que quería. A los empleados de correos les encantaba que Owney viajara con ellos porque decían que les traía buena suerte. Nunca había ningún accidente de tren cuando Owney iba a bordo. Cada vez que Owney llegaba a una ciudad, los empleados de correos le colgaban una etiqueta con el nombre de esa ciudad. Así, los demás sabían dónde había estado. En el Museo Nacional de Correos hay más de mil etiquetas que muestran los lugares que Owney visitó.

A Owney le fascinaba viajar en los vagones de correo.

Informe de investigación

Un informe de investigación presenta hechos y datos de un tema escritos con las propias palabras del escritor. Usa esta muestra de escritura cuando escribas tu propio informe de investigación.

El **título** dice cuál es el tema del informe.

Un **informe de investigación** saca los **hechos y datos** de otras fuentes.

Los escritores presentan los hechos y los datos usando sus propias palabras.

La foca arpa

Mi animal favorito es la foca arpa y me gustaría compartir contigo todo lo que he averiguado sobre ella.

Las focas arpa verdaderas tienen una hermosa piel gris y viven en las frías aguas del Océano Atlántico Norte. Estas focas son más felices cuando están en el agua. Las aletas les permiten nadar a gran velocidad. Cuando están fuera del agua, se arrastran sobre el hielo meneando el cuerpo de un lado a otro. En las aletas delanteras tienen garras que les permiten agarrarse al hielo y a las rocas. Pero, normalmente, pasan la mayor parte del tiempo en el agua.

Escritura Organizar ideas relacionadas

Cuando están en el agua, las focas arpa comen camarones y calamares. También comen peces grandes. Pero deben tener mucho cuidado, porque los osos polares, los tiburones y las orcas podrían acercarse y lastimarlas. Otro dato interesante sobre estas focas es que no tienen orejas. Ellas oyen a través de la cabeza.

Las focas arpa miden seis pies de longitud cuando son adultas. Pero, a pesar de su gran tamaño, son muy graciosas. Algún día me gustaría ver una en persona.

Un buen **final** resume el informe.

Conozcamos a la autora

Celsey B.

Grado: segundo
Estado: Georgia
Pasatiempos: montar a caballo, nadar y patinar
Qué quiere ser cuando sea mayor: jinete o dentista

Desarrollar conceptos

Las
hormigas
por Rebecca Stefoff

Las hormigas

Vocabulario

antenas
capullos
colonias
hongo
larvas

Estándares

Lectura
- Preguntas sobre el texto expositivo

Ciencias sociales
- Variación entre individuos

Curiosidades sobre las hormigas

¿Alguna vez has mirado de cerca a una hormiga? En la siguiente selección, aprenderás algunas curiosidades sobre las hormigas de todo el mundo.

Las hormigas suelen vivir bajo la tierra en grupos llamados **colonias**. Las colonias de hormigas excavan túneles y almacenan comida.

Las hormigas se mueven con facilidad por los túneles usando las dos largas **antenas** que tienen en la cabeza.

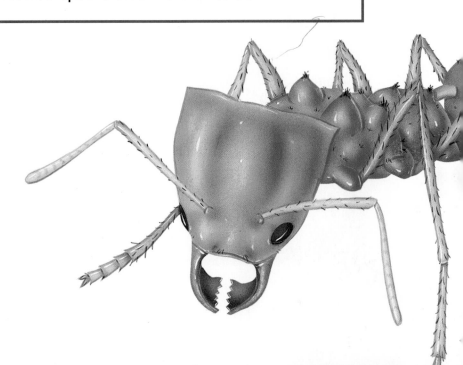

Algunas hormigas producen su propia comida. Estas hormigas se comen un **hongo** especial, o moho, que ellas hacen con las hojas de los árboles.

Las hormigas jóvenes, o larvas, salen de los capullos.

Conozcamos a la autora
Rebecca Stefoff

Otros libros por Rebecca Stefoff:
Octopus
Owl
Butterfly

Las actividades favoritas de Rebecca Stefoff son viajar y observar animales. Ella ha viajado por todo el mundo. Ha hecho submarinismo para ver de cerca anguilas morenas, barracudas y todo tipo de peces de vivos colores que viven en los arrecifes de coral.

Cuando está en su casa, en Oregón, observa los cangrejos, las focas y las aves marinas que viven allí.

Rebecca Stefoff cree que es muy interesante observar las hormigas porque viven en casi todas partes. "Vayas donde vayas, allí están", dice ella.

¿Sabías que uno de los animales favoritos de Rebecca Stefoff es la babosa? Visita Education Place y descubre muchas más cosas acerca de esta autora.

www.eduplace.com/kids

60

Las hormigas

por Rebecca Stefoff

hormiga negra, Costa Rica

Las hormigas.
Están por todas partes. Puedes ver
hormigas en casi cualquier parte
del mundo.

Pero casi nunca verás una
hormiga sola. Si ves una hormiga,
puedes estar casi seguro de que
muy cerca hay muchísimas más.

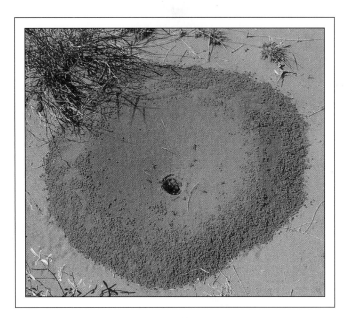

hormiguero, Australia

Las hormigas viven y trabajan juntas en grupos muy numerosos que casi nunca descansan. Estos grupos se llaman colonias. La mayoría de las colonias están en túneles subterráneos. Las hormigas excavan los túneles y, con la tierra que sacan, forman unos montículos en el exterior. Estos montículos se llaman hormigueros.

Cuando veas un hormiguero en una grieta de una acera, puedes estar seguro de que hay una ciudad de hormigas debajo de la acera.

hormiguero en una acera

Algunos hormigueros son enormes y están llenos de túneles. Debajo de este árbol ha vivido una colonia de hormigas durante años. Cada año las hormigas excavan nuevos túneles y hacen el hormiguero un poco más grande.

hormiguero, África del Este

Todas las hormigas tienen dos palitos largos en la cabeza. Estos palitos son sus antenas. Las antenas son la nariz y los dedos de las hormigas.

Las antenas informan a las hormigas de todo lo que pasa a su alrededor. Las ayudan a encontrar la comida y luego, a regresar a la colonia.

Estas dos hormigas se "hablan" frotándose sus antenas. La hormiga grande es la reina. La hormiga reina es la madre de todas las hormigas que viven en la colonia. La hormiga pequeña es una obrera. Las hormigas obreras cuidan los huevos de la hormiga reina y llevan comida a la colonia.

hormigas rojas pasándose comida

Las hormigas hacen casi todo juntas. Se pasan trocitos de comida de la una a la otra. A veces, hasta se cargan la una a la otra.

Algunos trabajos no los puede hacer una hormiga sola. Es por eso que las hormigas trabajan casi siempre en grupo. Un grupo de hormigas pequeñas trabajando en equipo puede cargar un insecto muerto mucho más grande que ellas. Este insecto será una excelente comida para alimentar a la colonia.

hormigas transportando un insecto muerto en forma de palo, Brasil

puente de hormigas, Panamá

En los árboles, las hormigas toman un atajo para pasar de una rama a otra. Algunas de las hormigas se agarran entre ellas por las patas para formar un puente. Así las otras pueden llegar a la nueva rama caminando sobre el puente.

69

Las hormigas carpinteras viven en la madera. Un montículo de aserrín en un tronco indica que dentro hay hormigas carpinteras. Ellas están muy ocupadas construyendo nuevos túneles con sus mandíbulas.

En la parte más profunda del túnel, los huevos de la reina se están convirtiendo en larvas. Cuando las larvas salen de los capullos, parecen pequeños gusanos. Después, las larvas se convertirán en hormigas y saldrán del tronco todas a la vez.

hormigas cortadoras de hojas, Costa Rica

Las hormigas cortadoras de hojas viven
en América Central y en Suramérica. Algunas
personas las llaman hormigas parasol. ¿Sabes
por qué?

Estas hormigas cortan a mordiscos algunos trozos de hojas. Luego, los cargan encima de la cabeza y los llevan a sus túneles. Juntas, parecen un desfile de sombrillas o parasoles diminutos.

Las hormigas no se comen las hojas. Lo que hacen es masticarlas hasta que sólo queda una pasta. En esa pasta crece un hongo amarillo. Es ese hongo lo que se comen las hormigas.

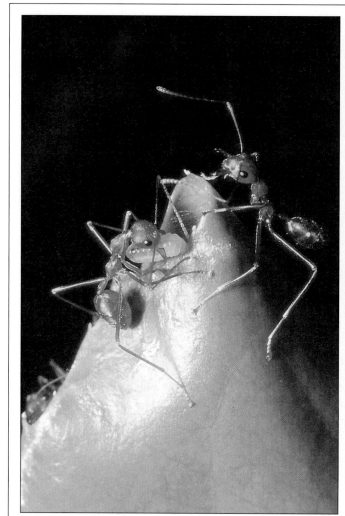

hormigas tejedoras con una larva

las hormigas unen las hojas con el hilo blanco de las larvas

Las hormigas tejedoras viven en los árboles del sur de Asia y en las islas del Pacífico. Estas hormigas construyen sus nidos pegando hojas con hilo de seda pegajoso. El hilo lo obtienen de las hormigas jóvenes, o larvas. Las hormigas mayores sujetan a las larvas que hacen el hilo.

Grupos de hormigas forman cadenas para poder doblar las hojas grandes y duras.

74

nido en construcción, Australia

hormigas agricultoras con áfidos, Nueva York

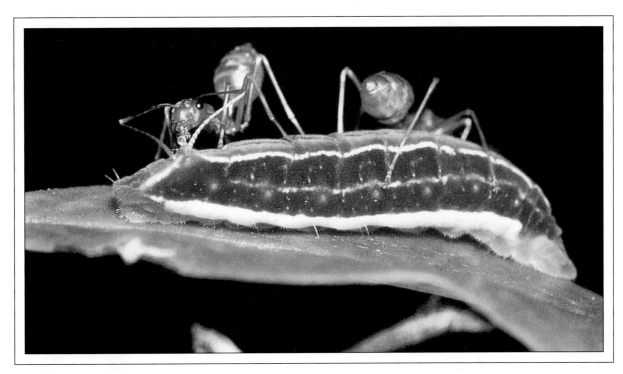

dos hormigas "ordeñando" a una oruga

Algunas hormigas se beben el jugo que extraen del interior de otros insectos. Estas hormigas cuidan a esos insectos y luego, los "ordeñan" igual que los granjeros ordeñan a las vacas.

Los pequeños insectos verdes que comen plantas se llaman áfidos. Las hormigas que los cuidan se llaman hormigas agricultoras.

Las hormigas ejército viven en las selvas tropicales. Estas hormigas marchan de lugar en lugar y se comen las plantas y los insectos que encuentran por el camino. Pasan por encima de los troncos y las rocas, y hasta por encima de las casas.

Una colonia de hormigas ejército avanza como una alfombra comedora móvil. Algunas colonias son tan anchas como una calle y tan largas como una cuadra.

hormigas ejército, Costa Rica

Muchas hormigas pequeñas trabajando juntas pueden ganarle a un gran escarabajo negro. Cuando hay que trabajar en equipo, las hormigas son expertas.

¿Puedes levantar a tu madre y cargarla sobre tu
cabeza? Seguro que podrías si fueras una hormiga.
Las hormigas son muy fuertes. Pueden cargar cosas
que pesan mucho más que ellas. Dos hormigas se las
arreglan solas para cargar a esta oruga gordota.

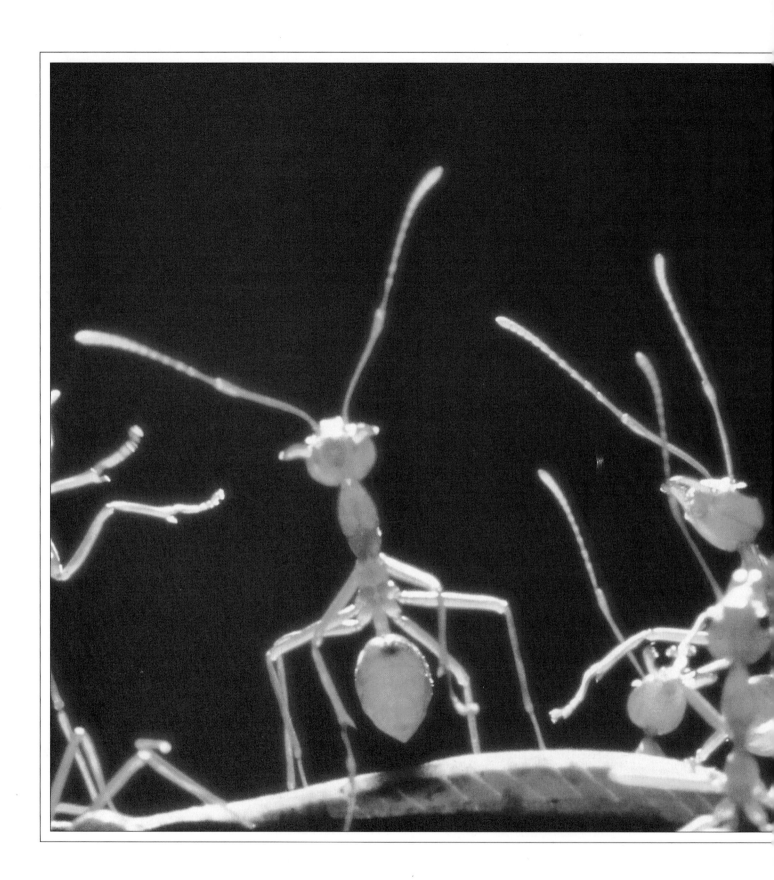

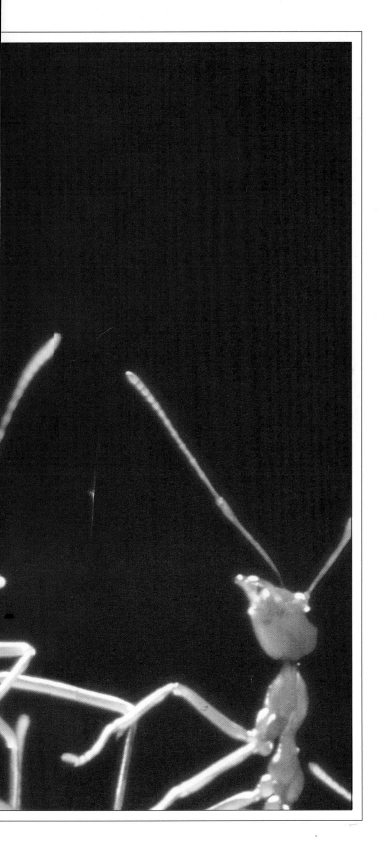

Las hormigas viven
en colonias que son como
ciudades. Se ayudan las unas
a las otras y trabajan en equipo
cuando tienen un trabajo
muy grande.

Yo creo que las hormigas
son muy parecidas a nosotros.
¿Y tú?

Reacción

Las hormigas
por Rebecca Stefoff

Piensa en la selección

1. ¿Qué datos sobre las hormigas te parecieron más asombrosos?

2. Busca tres preguntas que la autora hace a los lectores. ¿Por qué hace preguntas en vez de contar los datos?

3. ¿En qué se parecen las colonias de hormigas a las ciudades? Responde con ejemplos de la selección.

4. ¿De qué maneras diferentes trabajan en equipo las hormigas?

5. **Conectar/Comparar** *Las hormigas* es una selección de no ficción. *El oficial Buckle y Gloria*, en cambio, es una selección de ficción. Compara las dos selecciones.

Escribe una reseña

Escoge un tipo de hormiga de la selección. Escribe una reseña usando tus propias palabras sobre sus características principales.

> **Consejos**
> - Escribe oraciones completas.
> - Tu reseña debe tener uno o dos párrafos.

Lectura | El propósito del autor
Ciencias | Variación entre individuos

Matemáticas

Contar patas

Las hormigas tienen seis patas. Si hay cinco hormigas en una hoja, ¿cuántas patas hay en total? Usa los números que se dan en el problema para escribir un enunciado de multiplicación.

Extra **Si se suben tres hormigas más a la hoja, ¿cuántas patas hay en total?**

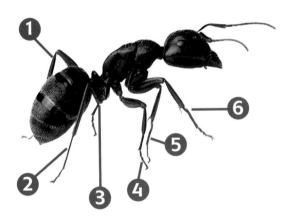

Arte

Haz grabados

Ésta es una forma divertida de decorar una tarjeta o la portada aburrida de un libro. Llena de pintura negra el borrador de un lápiz. Presiona el borrador sobre el papel para grabar cuerpos de hormigas. Luego, dibuja los detalles con un bolígrafo negro de punta fina. Si prefieres hormigas rojas, usa pintura roja.

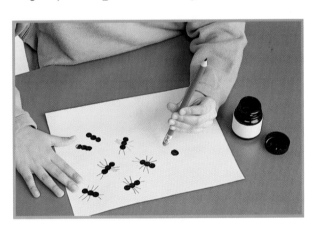

Internet

Resuelve un laberinto

Ayuda a una hormiga a encontrar la salida de un laberinto. Luego, ayúdala a regresar a su colonia. Imprime un laberinto de Education Place y después colorea el camino. **www.eduplace.com/kids**

Matemáticas Usa palabras, modelos
Usa múltiplos

Conexión con la música

Destreza: Cómo leer las letras de las canciones

1 Da un vistazo a la **letra,** o las palabras de la canción, antes de cantarla.

2 Canta el primer **verso** y luego canta el **estribillo.**

3 Haz lo mismo con los demás versos.

Estándares

• **Establecer el propósito de la lectura**

Las hormiguitas
canción de José-Luis Orozco

Por los ce - rri - tos ____ y ve - re - di - tas ____ van ca - mi -

nan - do ____ las hor - mi - gui - tas. ____

Las hor - mi - gui - tas, ____ las hor - mi - gui - tas, ____ van ca - mi -

nan - do ____ las hor - mi - gui - tas. ____

2. Por los cerritos y vereditas
van de puntitas las hormiguitas.

Las hormiguitas, las hormiguitas,
van de puntitas las hormiguitas.

3. Por los cerritos y vereditas
van dando vueltas las hormiguitas.

Las hormiguitas, las hormiguitas,
van dando vueltas las hormiguitas.

4. Por los cerritos y vereditas
saltan y saltan las hormiguitas.

Las hormiguitas, las hormiguitas,
saltan y saltan las hormiguitas.

5. Por los cerritos y vereditas
bailan y bailan las hormiguitas.

Las hormiguitas, las hormiguitas,
bailan y bailan las hormiguitas.

El gran partido
de pelota
Un cuento muskogee
narrado por Joseph Bruchac
ilustrado por Susan L. Roth

**El gran partido
de pelota**

Vocabulario

aceptar
discusión
disputa
penalidad
ventaja

Estándares

Lectura
- Relaciones de
causa y efecto

Juegos de pelota

En el cuento que vas a leer, dos
grupos deciden jugar un partido
de pelota para resolver una
discusión. Cada grupo cree que
tiene **ventaja** sobre el otro grupo.
Ambos grupos acuerdan que el
grupo que gane debe decidir una
penalidad para el grupo que
pierda. El grupo perdedor debe
aceptar la penalidad.

En todo el continente americano se ha jugado a juegos de pelota durante cientos de años.

Cuando había una **disputa**, los indígenas norteamericanos a veces la resolvían jugando un partido de pelota.

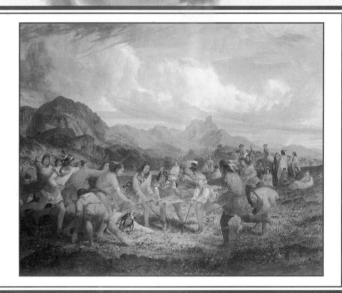

Un juego, que ahora se llama lacrosse, se jugaba con una pelota hecha con piel de venado y largos palos que servían para tirar la pelota.

Conozcamos al autor
Joseph Bruchac

El abuelo de Joseph Bruchac pertenecía a la tribu de los abenaki y le contaba muchos cuentos folklóricos tradicionales a su nieto. A Joseph Bruchac le gusta contar los cuentos que le contaba su abuelo. Pero también le gusta contar cuentos folklóricos de otras tribus de indígenas norteamericanos.

Conozcamos a la ilustradora
Susan L. Roth

Susan L. Roth hizo las ilustraciones de este libro usando su colección de recortes de papel de todo el mundo. Usó papel de sombrillas de color rojo de Tailandia, un sobre de Tibet, papel azul de Japón y papel verde de Italia.

Para saber más acerca de Joseph Bruchac y Susan L. Roth, visita Education Place.

www.eduplace.com/kids

El gran partido de pelota

Un cuento muskogee

narrado por Joseph Bruchac
ilustrado por Susan L. Roth

¿Quién ganará el gran partido de pelota? Al leer, haz pausas y **resume** las partes más importantes del cuento.

Hace mucho tiempo, los Animales y las Aves
tuvieron una gran discusión.

—Los que tenemos alas somos mejores que
ustedes —dijeron las Aves.

—Mentira —replicaron los Animales—.
Los que tenemos dientes somos mejores.

Ambos grupos discutieron y discutieron.
La disputa era interminable. Parecía que la guerra
era la única solución.

Entonces la Grulla, la capitana de las Aves, y el
Oso, el capitán de los Animales, tuvieron una idea.

—Juguemos un partido de pelota —dijo la
Grulla—. El equipo que primero marque un gol
gana la discusión.

—Es una buena idea —dijo el Oso—.
El equipo que pierda tendrá que aceptar la
penalidad que decida el equipo que gane.

Y andando y volando se fueron todos a un
campo. Allí se dividieron en dos equipos.

Todos los que tenían alas se fueron a un lado.
Eran las Aves.

Todos los que tenían dientes se fueron al otro
lado. Eran los Animales.

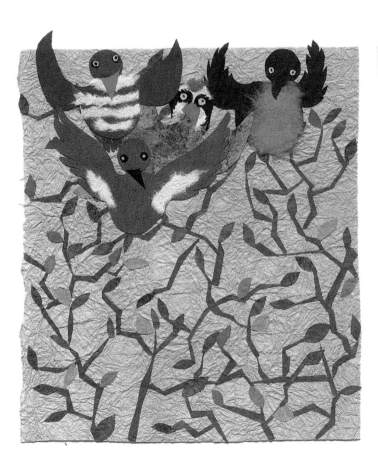
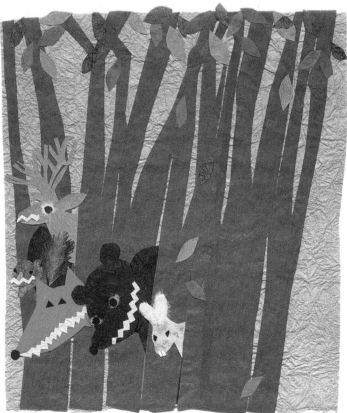

Pero cuando los dos equipos ya estaban
formados, una criatura se quedó fuera. Era el
Murciélago. ¡Tenía alas y dientes! Volaba de
un lado al otro.

Primero voló hacia donde estaban los Animales.

—Tengo dientes —les dijo—. Debo estar en
su equipo.

Pero el Oso dijo que no con la cabeza.

—No sería justo —explicó—. Tienes alas.
Debes ser un Ave.

Así que el Murciélago se fue volando hacia el otro lado.

—Déjenme jugar en su equipo —dijo a las Aves—.
Ya ven que tengo alas.

Pero las Aves se rieron de él.

—Eres demasiado pequeño para ayudarnos. No te
queremos —le dijeron burlándose.

Entonces el Murciélago regresó a donde estaban
los Animales.

    —Por favor, déjenme jugar en su equipo —les suplicó—.
Las Aves se burlaron de mí y no me aceptaron.

    El Oso sintió lástima por el pequeño murciélago.

    —No eres muy grande —dijo el Oso—, pero a veces
hasta los más pequeños pueden ayudar. Te aceptaremos como
Animal, pero deberás esperar y dejar que los Animales más
grandes jueguen primero.

Colocaron dos postes en cada extremo del campo.
Eran las porterías. Todo estaba listo y comenzó el partido.

Ambos equipos jugaron duro. En el equipo de los
Animales, el Zorro y el Venado eran corredores veloces,
y el Oso les abría el paso mientras jugaban. Pero la Grulla
y el Halcón eran aún más veloces, y cada vez que los
Animales se acercaban a la portería, les robaban la pelota
antes de que pudieran marcar un gol.

Pronto estaba claro que las Aves tenían la ventaja.
Cada vez que ellas tenían la pelota, alzaban el vuelo
y los Animales no podían alcanzarlas. Los Animales
defendían bien su portería, pero empezaron a
cansarse a medida que oscurecía.

Justo cuando el sol se ocultó detrás del horizonte, la Grulla agarró la pelota y voló hacia la portería. El Oso trató de detenerla. Pero había tan poca luz que tropezó y se cayó. Parecía que las Aves iban a ganar.

De repente, una figura oscura y pequeña apareció
volando por el campo y le robó la pelota a la Grulla,
justo cuando ésta iba a llegar a la portería. Era el
Murciélago, que salió disparado hacia el otro extremo del
campo porque él no necesitaba luz para ver por dónde
iba. Ninguna de las Aves pudo atraparlo ni bloquearlo.

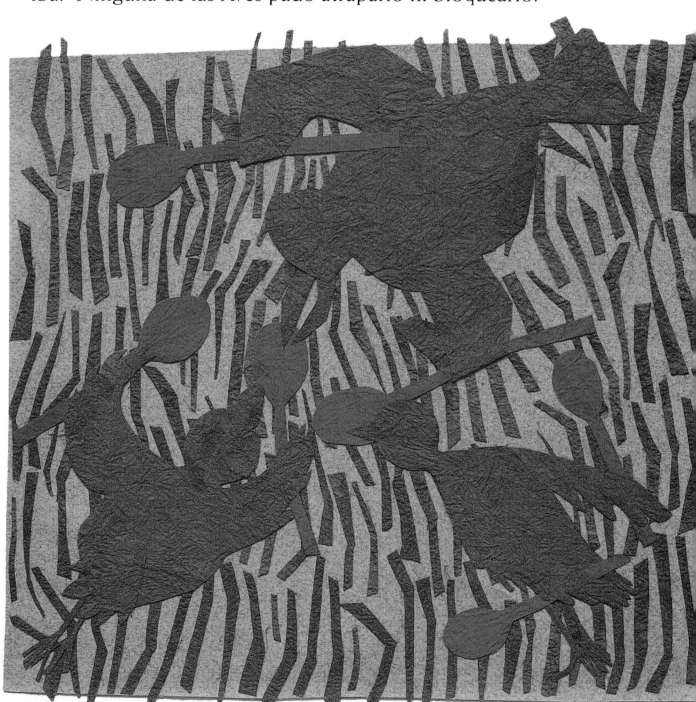

105

Sin soltar la pelota, ¡el Murciélago cruzó
volando los postes del otro extremo del campo!
¡Los Animales habían ganado!

Así fue como los Animales aceptaron al Murciélago como a un Animal más. Y le dejaron decidir la penalidad para las Aves.

—Aves —dijo el Murciélago—, ustedes deberán irse de estas tierras durante la mitad de cada año.

Y desde entonces, las Aves vuelan hacia el sur
todos los inviernos.

Y todos los días, al anochecer, el Murciélago
regresa volando para ver si los Animales lo
necesitan para jugar a la pelota.

El gran partido de pelota

Un cuento muskogee

narrado por Joseph Bruchac
ilustrado por Susan L. Roth

Piensa en la selección

1. ¿Qué fenómeno de la naturaleza explica este cuento?

2. ¿Cómo hubiera cambiado el cuento si el Murciélago no hubiera jugado en el partido?

3. Si el Murciélago hubiera ayudado a las Aves a ganar, ¿qué penalidad hubiera pensado para los Animales?

4. ¿Crees que este cuento muestra una buena forma de resolver una discusión? ¿Por qué?

5. **Conectar/Comparar** Todos los animales de este tema trabajan en equipo. Describe los distintos tipos de equipos y luego, compara dos o más equipos.

Expresar

Escribe un cuento folklórico

Los osos se pasan el invierno durmiendo. Las arañas tejen telarañas. Las palomillas vuelan hacia la luz. Piensa en un animal y escribe un cuento folklórico que explique por qué hace lo que hace.

Consejos

- Observa una mascota u otro animal para obtener ideas.
- Haz un esquema del cuento para organizar tus ideas.

Lectura Comparar elementos del cuento

Escritura Escribir narraciones breves

Ciencias

Crea un archivo de datos

Escribe en una lista todo lo que aprendiste sobre murciélagos en esta selección. Luego, busca información sobre los murciélagos en una enciclopedia o en un libro de ciencias naturales. Crea un archivo de datos sobre murciélagos usando toda la información que has reunido.

Estudios sociales

Escribe las reglas del juego

Las Aves y los Animales jugaron un partido de pelota sin tener reglas escritas. Escribe un conjunto de reglas que ellos puedan seguir cuando vuelvan a jugar. Explica que las reglas sirven para que ambos equipos puedan jugar de una forma justa.

Excursión en Internet

Aprende muchas más cosas sobre animales asombrosos. Visita Education Place y descubrirás datos interesantes sobre todo tipo de animales. **www.eduplace.com/kids**

Destreza: Cómo leer una leyenda

Una leyenda es un título o una explicación breve sobre una ilustración o fotografía

❶ Lee el título. El título comenta brevemente la ilustración o fotografía.

❷ Lee los rótulos, o palabras que identifican las partes.

❸ Lee atentamente cualquier otra información sobre la ilustración o fotografía.

El comportamiento de los murciélagos

de 3–2–1 Contact

por Lynn O'Donnell

A Veronica Thomas la vuelven loca los murciélagos desde que aprendió a caminar. Su cuarto está lleno de murciélagos de juguete, de llaveros de murciélagos, de libros sobre murciélagos y de camisetas con dibujos de murciélagos que brillan en la oscuridad.

La obsesión de Veronica por los murciélagos podría tener algo que ver con el trabajo de su papá. Él es el conservador de los mamíferos en la Sociedad Protectora de la Flora y Fauna, en el zoológico del Bronx en Nueva York. Veronica vio allí el primer murciélago cuando sólo tenía un año.

¡Viva la niña murciélago!

Sería lógico pensar que cuando sea mayor Veronica quiere ser una experta en murciélagos. Pero, su sueño es ser paleontóloga. Los paleontólogos son los científicos que estudian los fósiles de animales. "¿Quién sabe?", dice Veronica. "Tal vez algún día encuentro el fósil de un murciélago".

Murciélago pequeño marrón

El murciélago pequeño marrón de Norteamérica come mucho. En una hora, puede atrapar y engullir 600 mosquitos.

El murciélago favorito de Veronica

Zorro volador de color pajizo

Murciélagos en la cabeza

Veronica y su papá construyeron una casa de murciélagos en el patio de su casa. Los murciélagos se sienten seguros en las casas construidas para ellos, y saben que en ellas pueden cuidar a sus familias. Todos los días, Veronica busca dentro de la casa alguna señal de la criatura con alas.

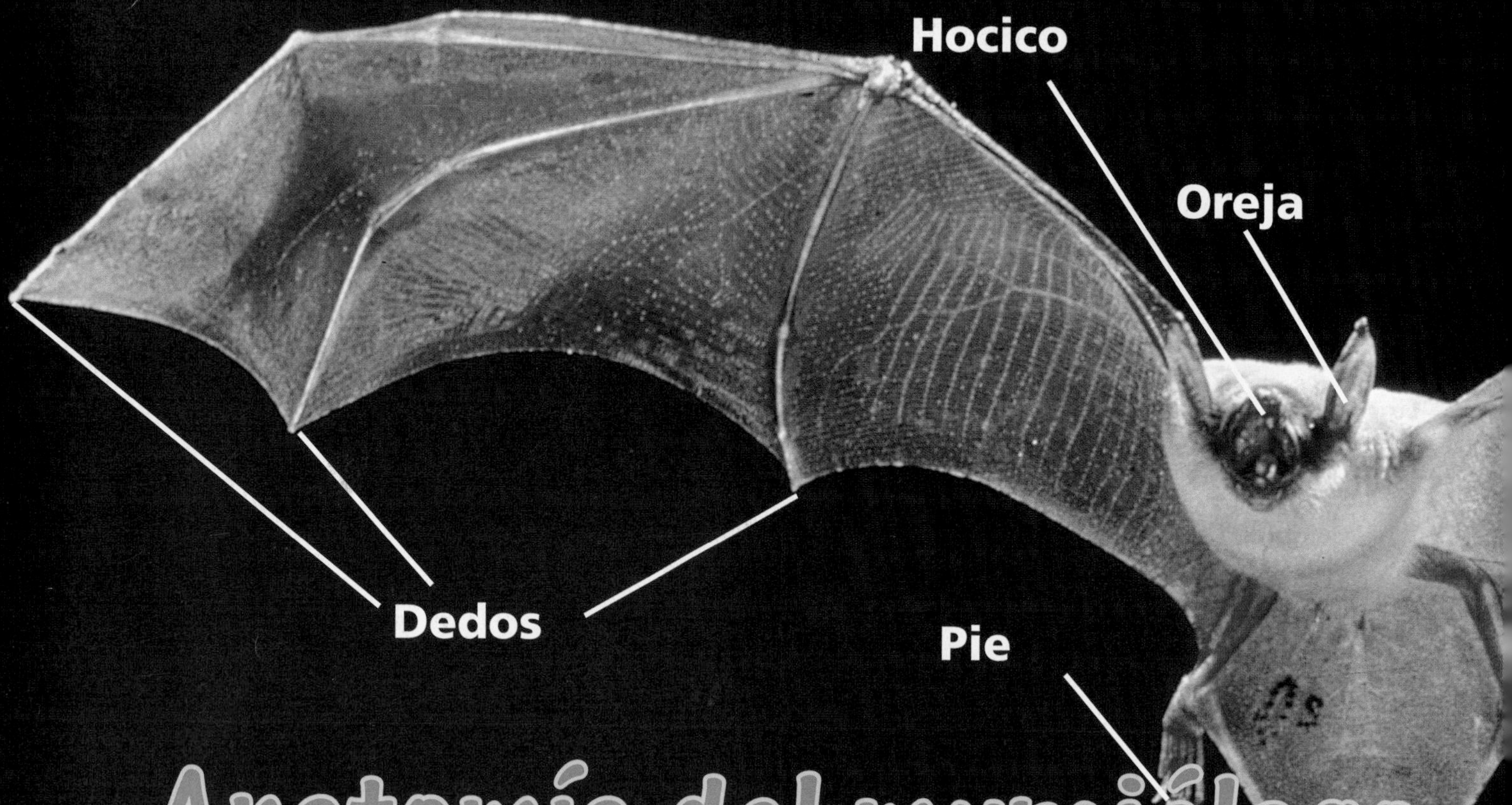

Hocico

Oreja

Dedos

Pie

Anatomía del murciélago

Aunque los murciélagos vuelan, no son aves; son mamíferos.

Haz un murciélago de cartulina

Materiales:

Cartulina marrón o negra, ojos saltones (opcional)

Pasos:

Primero, recorta un cuadrado de cartulina.
Recuerda que los cuatro lados deben ser iguales.

Luego, sigue los siete pasos que se muestran en
la página siguiente.

Pulgar

Membrana del ala

¡A comer!

Los murciélagos emiten sonidos agudos. Cuando el sonido rebota en un objeto, los murciélagos saben si hay comida cerca. Algunas palomillas envían pitidos a un murciélago para engañarlo. El murciélago cree que ha encontrado a otro murciélago y de esta forma, la palomilla evita que el murciélago se la coma.

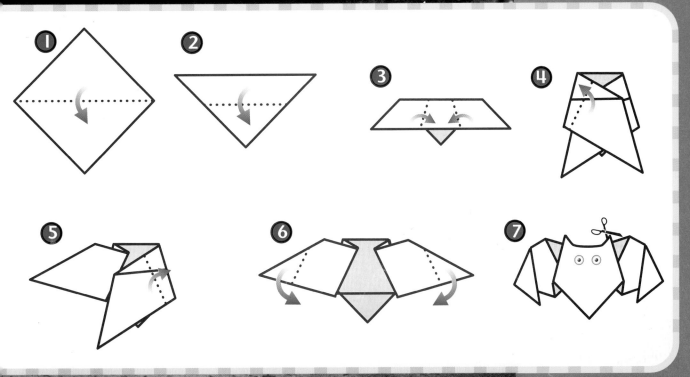

✓ Vocabulario

Algunas pruebas te piden que escojas la mejor palabra para completar una oración. ¿Cómo escoges la respuesta correcta? Aquí tienes un ejemplo de una prueba para la selección *Las hormigas*. Se muestran las respuestas correctas. Usa los consejos como ayuda para completar este tipo de preguntas.

Consejos

- Lee atentamente las instrucciones.

- Lee las oraciones y todas las opciones de respuesta.

- Llena por completo el círculo de la respuesta correcta.

Lee las dos oraciones. En cada oración hay un espacio en blanco numerado. Escoge la palabra de cada lista que mejor complete la oración.

1 Una hormiga __1__ lleva comida a las hormigas hambrientas de su colonia. Un __2__ muy grande es una comida excelente.

1 ○ reina ○ verde
○ equipo ● obrera

2 ○ hojas ○ nido
● insecto ○ tronco

Lectura Seguir instrucciones escritas

Ahora fíjate en cómo una estudiante llegó a la respuesta correcta.

Primero, leo las oraciones y todas las opciones de respuesta para cada oración. *Reina* y *equipo* no tienen ningún sentido en la primera oración.

En la selección no se habla de hormigas verdes. Sólo la palabra *obrera* describe el tipo de hormiga que lleva comida a la colonia. La mejor respuesta para la primera oración es *obrera.*

Para el espacio en blanco número **2,** debo encontrar la palabra que describa una buena comida para una hormiga. Sé que las hormigas no comen troncos. *Hojas* y *nido* tampoco tienen ningún sentido en esa oración. Ahora veo por qué *insecto* es la mejor respuesta.

En familia

Parientes

Pero, eso sí,

todos sonrientes:

gente sonriente

son mis parientes.

del poema por
Juan Quintana

En familia

Contenido

Tomar pruebas

Biblioteca fonética

- **Mi prima Patricia**
- **Un estupendo festín**
- **La clave del misterio**
- **Cuando sea grande...**
- **Mi hermanito**
- **Tía Bianca halló su pastel**
- **Juana y sus nueve hermanas**
- **La familia Flores**

Superlibro

Las abuelas de Liliana
   por Leyla Torres

Libros del tema

¡Qué montón de tamales!
   por Gary Soto

¡Qué sorpresa de cumpleaños!
   por Loretta López

¡Adelante! Libros de práctica

Mi padre es genial *por Lee S. Justice*

Libros relacionados

Si te gusta...

Hermanos y hermanas
por Ellen B. Senisi

Entonces lee...

Con mi hermano
por Eileen Roe (Aladdin)

Un niño joven cuenta cómo él admira a su hermano mayor.

Uno arriba, uno abajo
por Carol Snyder (Atheneum)

Una niña ayuda a cuidar a sus dos hermanitos gemelos.

Si te gusta...

Bagels de jalapeños
by Natasha Wing

Entonces lee...

I Love Saturdays y domingos
por Alma Flor Ada (Atheneum)

Una niña criada en dos culturas distintas visita a sus abuelos durante un fin de semana.

Las tortillas de Magda
por Becky Chavarria-Chairez (Arte Público)

Este libro bilingüe describe la primera vez que Magda hace tortillas.

Si te gusta...

Carrusel
por Pat Cummings

Entonces lee...

Mi propio cuartito

por Amada Irma Pérez

(Childrens Book Press)

Una niña busca su propio espacio.

Sandía fría

por Mary Sue Galindo

(Mary Sue Galindo)

Un familia comparte unos bellos recuerdos en este libro bilingüe.

Si te gusta...

Pastel de truenos
por Patricia Polacco

Entonces lee...

Después de la tormenta

por Alma Flor Ada

(Santillana USA)

¿Cuántas cosas buenas pueden pasar después de una tormenta?

La colcha de los recuerdos

por Patricia Polacco

(Lectorum Publications)

Una colcha es un recuerdo de familia que pasa por cuatro generaciones.

Tecnología

Visita **www.eduplace.com/kids**

Education Place®

Desarrollar conceptos

Hermanos y hermanas
por Ellen B. Senisi

Hermanos y hermanas

Vocabulario

adolescente
adultos
entretener
fastidio
gemelos
recién nacido

Estándares

Lectura

- Descifrar palabras polisílabas
- Variación entre individuos

Ser hermano o hermana

¿Qué pasa cuando llega un **recién nacido** a una familia? En algunas familias, un hermano o una hermana **adolescente** puede ayudar a los **adultos** a cuidar de los hermanos pequeños.

En la siguiente selección, vas a leer lo que hermanos y hermanas de todas las edades cuentan de sus familias.

Los bebés y los niños muy pequeños necesitan mucha atención.

Un hermano mayor o una hermana mayor puede **entretener** a un bebé para que los otros miembros de la familia puedan ocuparse de otras responsabilidades.

Los hermanos **gemelos** dan el doble de trabajo y el ¡doble de alegría!

A veces, un hermano menor o una hermana menor puede ser un gran **fastidio**. Pero recuerda que tú también fuiste un bebé.

Hermanos y hermanas
por Ellen B. Senisi

En la siguiente selección aparecen hermanos y hermanas de todas las edades. Al leer, **evalúa** si la autora usa bien las palabras y las fotos para contar sus historias.

Lectura   El propósito del autor

¿Cómo es tener un nuevo hermano o hermana?
Tori lo va a averiguar muy pronto. Su mamá va a
tener un bebé. "¿Va a ser un niño o una niña?", se
pregunta Tori. "¿Me querrá igual Mamá cuando
nazca el bebé?"

Ben tiene un hermanito
recién nacido y Dorrie tiene
una nueva hermanita. A veces
es divertido tener un bebé en
la familia.

"Mi nueva hermanita es
tan pequeñita y tan suave que
quiero abrazarla todo el
tiempo", dice Dorrie.

Pero a veces los bebés no son tan divertidos.

"Los bebés no pueden hacer nada solos", dice Ben. "Mamá aún me quiere. Pero está tan ocupada cuidando al bebé que tengo que jugar solo hasta que el bebé duerme la siesta".

"Estoy tan cansada de oír a todo el mundo decir lo lindo que es el bebé", dice Valerie.

"Me gusta cargar a mi hermanita yo solo", dice Michael. Y a Leo también.

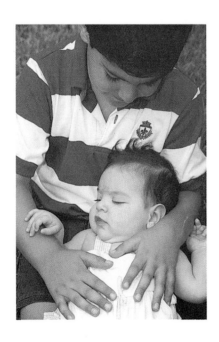

Jasmine y Juanita tienen hermanitas que ya saben andar. "Ya tiene edad para meterse en problemas", dice Jasmine, "en muchos problemas".

"Yo ayudo a entretener a mi hermanita", dice Juanita. "Mi mamá dice que soy una buena ayuda con el bebé".

131

"Mi hermana siempre quiere hacer lo que yo hago,
pero no juega como hay que jugar", dice Alicia.

"A veces nos divertimos tanto juntos", dice Judson.

Rena es mayor que su hermana. "Yo sé cosas que mi hermana pequeña no sabe", dice Rena. "Ahora que ya va a la escuela, la ayudo a prepararse por las mañanas. Y también la acompaño a su clase".

"Cuando tienes una hermana aprendes a compartir", dice Tori. "Lo más difícil de compartir son nuestros papás", dice Rena.

Katelyn y Jordan tienen casi la misma edad.

Igual que Ben y Suzannah.

"A veces somos mejores amigos", dice Jordan.

"Y a veces somos peores enemigos", dice Katelyn.

Jeremy y Jonathan son gemelos. "Siempre nos tenemos el uno al otro para jugar", dice Jeremy.

Ian y Ryan también son gemelos. "Papá dice que hasta dormimos igual", dice Ryan. "Nos gusta tanto parecernos que podemos engañar a la gente".

"Pero no somos iguales del todo", dice Ian. "Yo soy mejor dibujante, pero mi hermano es mejor deportista".

Algunas veces es difícil ser el hermano menor.

"¡No es justo!", dice Peter. "Sólo porque es mayor, mi hermana lo hace todo mejor".

Y otras veces es genial ser el hermano menor.

"Ella es mi otra mamá", dice Steven.

"Tenemos nuestros secretos", dice
Tyler. "Y también tenemos nuestros
juegos especiales".

El hermano mayor de Trey y la hermana mayor
de Jesse van a la escuela intermedia.

"Él se enoja conmigo porque dice que soy un
fastidio", dice Trey.

"Nos enojamos muchas veces", dice Jesse.
"Pero después lo olvidamos".

"A veces, mi hermana es la única que
entiende cómo me siento", dice Juanita.

Bianca tiene una hermana adolescente. "¿Cuándo podré ir donde quiera y hacer lo que quiera, como ella?", piensa Bianca.

"A veces mi hermana se comporta como una persona adulta y no tenemos nada de qué hablar", dice Maura. "Pero otras veces es como yo".

"Yo soy adoptada", dice Sujathi. "Jessica y yo venimos de distintas mamás y distintos papás. Pero aún así, somos hermanas. ¡Somos hermanas para siempre!"

Laura y Emma también son adoptadas. "Lo primero que le digo a la gente es: '¡Ella es mi hermana!'"

"Mi papá dice que cuando eran niños, él y mi tío se peleaban. Pero aún así, se querían muchísimo", dice Will. "Ahora son adultos y siempre se ayudan. También me dejan ayudar a mí".

"Mi mamá dice que ella y su hermana jugaban
todo el tiempo a la escuela. Ahora ya no juegan
porque las dos son maestras de verdad", dice Eddie.
"Mi mamá dice que ahora su hermana es más
importante que nunca para ella".

"Mi abuela y mi tía abuela llevan setenta años siendo hermanas", dice Katherine. "Mi abuela dice que su hermana todavía es su mejor amiga".

Conozcamos a la autora y fotógrafa
Ellen B. Senisi

A Ellen Senisi le encanta juntar palabras y fotografías para crear libros para niños. Lo que más le interesa de la fotografía es que aunque las personas y las cosas fotografiadas cambian, las fotografías no cambian nunca.

Mira con atención las fotografías de la selección *Hermanos y hermanas*. Verás fotografías que Ellen Senisi tomó hace varios años de sus tres hijos, Will, Katherine y Steven.

Otros libros por Ellen B. Senisi:
For My Family, Love, Allie
Reading Grows

 **Internet**

Si quieres saber más cosas acerca de Ellen Senisi y de su trabajo como autora y fotógrafa de libros infantiles, visita Education Place.

www.eduplace.com/kids

Hermanos y hermanas
por Ellen B. Senisi

Piensa en la selección

1. Compara dos o más familias de esta selección. ¿En qué se parecen? ¿En qué se diferencian?

2. ¿Cómo puede ayudar un hermano mayor a un hermano pequeño? Da ejemplos de la selección para apoyar tu respuesta.

3. ¿Por qué a veces los hermanos son como mejores amigos?

4. ¿Por qué es difícil a veces tener un hermano o una hermana?

5. **Conectar/Comparar** ¿Qué has aprendido sobre las familias después de leer esta selección?

Crear

Escribe un cuento

Escoge una foto de la selección. Escribe un cuento sobre lo que crees que piensan o dicen las personas de la foto.

Consejos

- Usa un esquema para que te sea más fácil empezar.
- Piensa en un título interesante para tu cuento.

Identifica habilidades

Escoge una foto de un bebé, una foto de alguien de tu edad y otra de un adolescente o de un adulto. Escribe una descripción de algunas de las cosas que puede hacer cada persona que escogiste.

Lista de palabras de la familia

Con un compañero, escriban una lista de palabras que nombran a los miembros de una familia. Comiencen con palabras de la selección, como hermano y hermana. Añadan todas las palabras que sepan. Luego, hablen sobre el parentesco entre las personas de su lista.

Extra Escriban las palabras de la lista en orden alfabético.

hermana
hermano

Internet

Resolver un mensaje escondido en Internet

Resuelve un mensaje escondido en Internet y comprueba lo que sabes sobre hermanos y hermanas. En Education Place encontrarás uno. **www.eduplace.com/kids**

Escritura
Escuchar/Hablar
**Escribir una descripción
Presentar ideas organizadas**

**Destreza: Cómo
leer un poema**

1 Lee el título del
poema.

2 Intenta predecir
de qué tratará el
poema.

3 Lee el poema
más de una vez.

4 Compara lo que
pensabas del
poema antes de
leerlo con lo que
piensas después
de leerlo.

Estándares

Lectura

• **Identificar
técnicas poéticas**

Poemas de hermanos y hermanas

Mi hermana Carmencita

Mi hermana Carmencita
es mayor que yo.
A veces sale con sus amigas,
pero otras veces no.
A veces no me deja jugar con ella,
pero otras veces sí.
Y estar nosotras juntas,
es lo que más me gusta a mí.

por Diana Pereira

Buen viaje

Con la mitad de un periódico
hice un buque de papel
y en la fuente de mi casa
va navegando muy bien.

Mi hermana con su abanico
sopla que sopla sobre él.
Muy buen viaje, muy buen viaje,
buquecito de papel.

por Amado Nervo

149

Tengo un hermanito

Tengo un hermanito
que ha nacido ayer,
todos en la casa
sonríen al bebé.
Yo no entiendo de esto
pero no me explico,
por qué lo consienten
desde chiquitito.
Papá va a su lado
si lo oye llorar.
¡No sabe comer
ni cuchara usar!
¡No tiene ni un diente,
y aparte es pelón!,
y está ¡tan chiquito!,
que seguramente
no podrá ir al parque
a jugar fútbol.

por Alicia María Uzcanga Lavalle

Narración personal

Una narración personal es una historia sobre algo que le pasó de verdad al escritor. Usa esta muestra de escritura como modelo para cuando escribas tu propia narración personal.

Mi papalote nuevo

Un día de mucho viento me dieron un papalote. Hacía mucho tiempo que no hacía volar uno. Mi papá me llevó a un campo para volarlo. Cuando abrimos el paquete, una gran ráfaga de viento se llevó las instrucciones. Mi papá tuvo que averiguar cómo se armaba el papalote. No era fácil, porque el viento no paraba de soplar y se lo llevaba todo. Pero al final logramos armarlo.

Luego, mi papá me dejó sujetar el papalote. Sopló otra enorme ráfaga de viento. Solté el

Un buen **comienzo** dice de lo que trata la narración.

Los buenos escritores no se alejan del **tema.**

Escritura · **Escribir narraciones breves**
Desarrollar una secuencia de sucesos

papalote, lo agarré por el hilo y el viento se lo llevó hasta el cielo. Poco a poco, fui soltando el hilo hasta que se acabó. Mi papalote volaba tan alto que casi no lo veía. Parecía un pequeño punto en el cielo.

De repente, se acercó a un árbol. Jalé al papalote hacia el otro lado. Mi papalote estaba en problemas. Y para colmo, empezó a llover. Mientras recogía el hilo, empezó a llover a cántaros. Salvé a mi papalote justo a tiempo.

Estoy ansioso por volar mi papalote otra vez.

> Los **detalles** ayudan al lector a imaginarse lo que pasó.

> Un buen **final** resume la narración.

Conozcamos al autor

Roy H.

Grado: segundo

Estado: Delaware

Pasatiempos: dibujar, montar su bicicleta

Qué quiere ser cuando sea mayor: ilustrador

En una panadería

Bagels de jalapeños
por Natasha Wing
ilustrado por Robert Casilla

Bagels de jalapeños

Vocabulario

clientes
culturas
ingredientes
masa
panadería
recetas

Estándares

Lectura
- Descifrar palabras polisílabas

Ciencias sociales
- Describir el proceso de elaboración de los alimentos

¿Alguna vez has entrado a una **panadería** y has notado el olor a pan recién hecho? ¿Te has preguntado cómo se hace el pan? En el siguiente cuento descubrirás más cosas sobre lo que pasa en una panadería. Y hasta leerás dos **recetas** para hornear.

▼ Muy temprano por la mañana, normalmente antes de que salga el sol, los panaderos preparan la **masa** y la hornean. Así los **clientes** pueden comprar cada día el pan recién hecho.

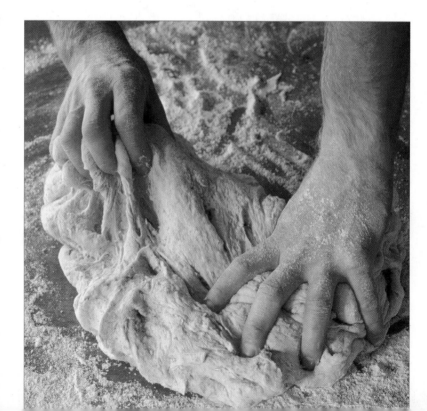

▲ Los **ingredientes** pueden cambiar, pero la idea es la misma: a todos nos gusta algo especial de la panadería.

◄ En casi todas las **culturas** alrededor del mundo se come pan o productos horneados. Casi todas las recetas para hacer pan llevan alguna clase de harina y agua. El resto lo decide el panadero.

Conozcamos a la autora
Natasha Wing

Archivo de datos

Libros infantiles favoritos: *Charlie y la fábrica de chocolate, El gato en el sombrero, El expreso polar, The Golden Compass*

Estación favorita: otoño

Color favorito: rojo arándano

Galleta favorita: de avena con pasas y pedacitos de vainilla

Otros libros por Natasha Wing:

*Hippity Hop, Frog on Top
The Night Before Easter*

Al igual que Pablo en *Bagels de jalapeños*, el hijo de Robert Casilla, Robert Jr., habla inglés y español. A veces el señor Casilla usa a su hijo de modelo para hacer sus dibujos e ilustraciones.

Otros libros ilustrados por Robert Casilla:

*El pintorcito de Sabana Grande
A Picture Book of Rosa Parks*

Conozcamos al ilustrador
Robert Casilla

Para saber más acerca de Natasha Wing y Robert Casilla, visita Education Place. **www.eduplace.com/kids**

Bagels de jalapeños

por Natasha Wing
ilustrado por Robert Casilla

Un niño y su familia se preparan para un importante
evento en la escuela. Lee atentamente la selección,
y piensa en qué **preguntas** podrías hacerles sobre
sus planes.

157

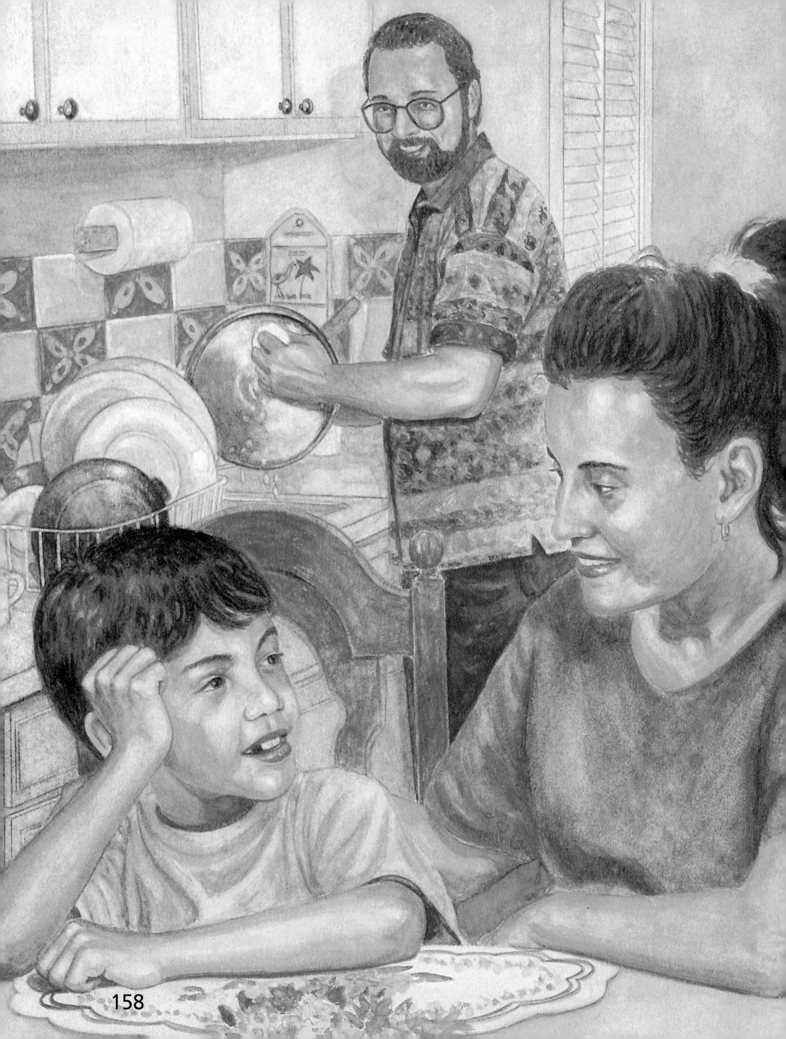

—¿Qué podría llevar el lunes a la escuela para el Día Internacional? —le pregunto a mi mamá—. La maestra nos dijo que lleváramos algo propio de nuestras culturas.

—¿Por qué no llevas algo especial de la panadería? —sugiere—. Ayúdanos en la panadería el domingo y luego puedes escoger lo que quieras llevar.

—¡Trato hecho! —le digo. Me gusta ayudar en la panadería. Está calentito allí y todo huele tan bien.

El domingo por la mañana muy temprano, antes de salir el sol, mi mamá me despierta.

—Pablo, es hora de ir a trabajar —me dice.

Salimos de casa y vamos a la panadería. Mi papá enciende las luces. Mi mamá enciende los hornos. Luego, saca las bandejas para hornear y los ingredientes para hacer pan dulce. El pan dulce es un tipo de pan muy popular en México.

Yo ayudo a mi mamá a mezclar y amasar la masa. Luego, ella hace bollitos y hogazas de pan y los pone en el horno. La gente le dice que su pan dulce es el mejor de la ciudad.

—A lo mejor llevo pan dulce a la escuela —le digo.

Luego, preparamos empanadas de calabaza. Yo me encargo de poner cucharadas del relleno de calabaza. Mamá dobla la masa por la mitad y presiona los bordes con un tenedor. Después, hornea las empanadas hasta que están bien doraditas. Algunos clientes vienen a nuestra panadería sólo por las empanadas de mamá.

—A lo mejor llevo empanadas de calabaza en vez de pan dulce —le digo.

—Lo que tú prefieras —me dice ella—. ¿Listo para las barritas con chocolate?

Mamá deja que yo vierta los pedacitos de chocolate y las nueces.

—Podría llevar barritas con chocolate. Son mi postre favorito —le digo a mi mamá.

—Y el mío también —dice Mamá.

—Esta hornada en especial será muy buena, porque puse unos pedacitos de chocolate de más.

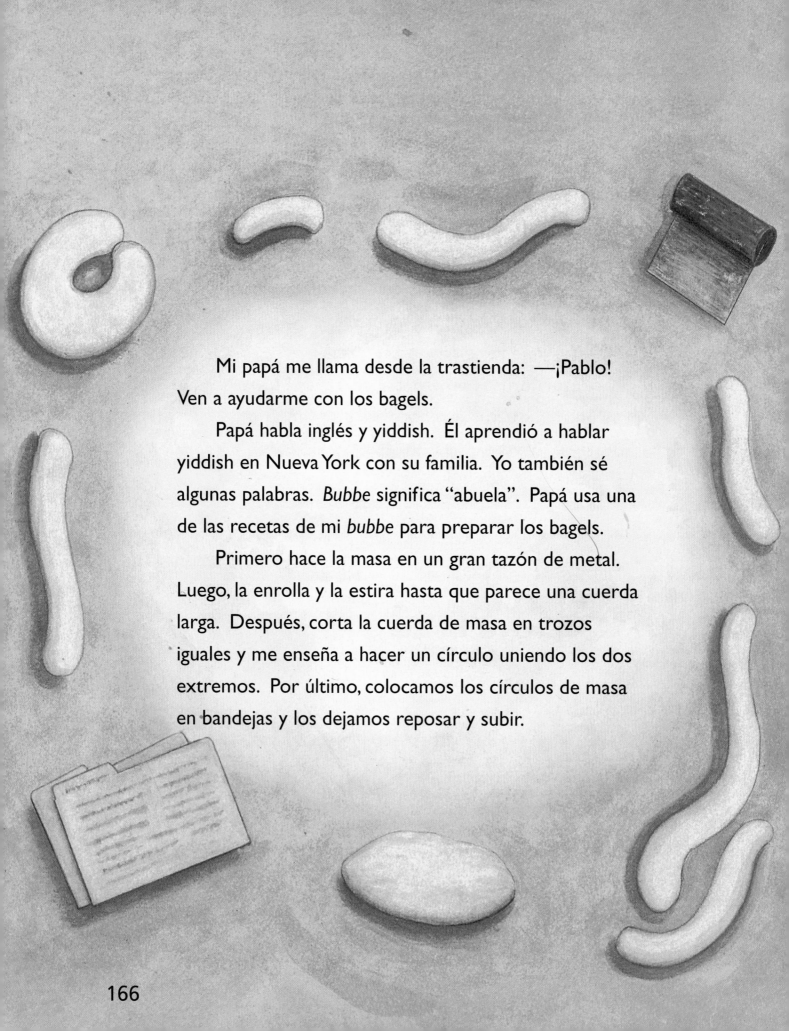

Mi papá me llama desde la trastienda: —¡Pablo! Ven a ayudarme con los bagels.

Papá habla inglés y yiddish. Él aprendió a hablar yiddish en Nueva York con su familia. Yo también sé algunas palabras. *Bubbe* significa "abuela". Papá usa una de las recetas de mi *bubbe* para preparar los bagels.

Primero hace la masa en un gran tazón de metal. Luego, la enrolla y la estira hasta que parece una cuerda larga. Después, corta la cuerda de masa en trozos iguales y me enseña a hacer un círculo uniendo los dos extremos. Por último, colocamos los círculos de masa en bandejas y los dejamos reposar y subir.

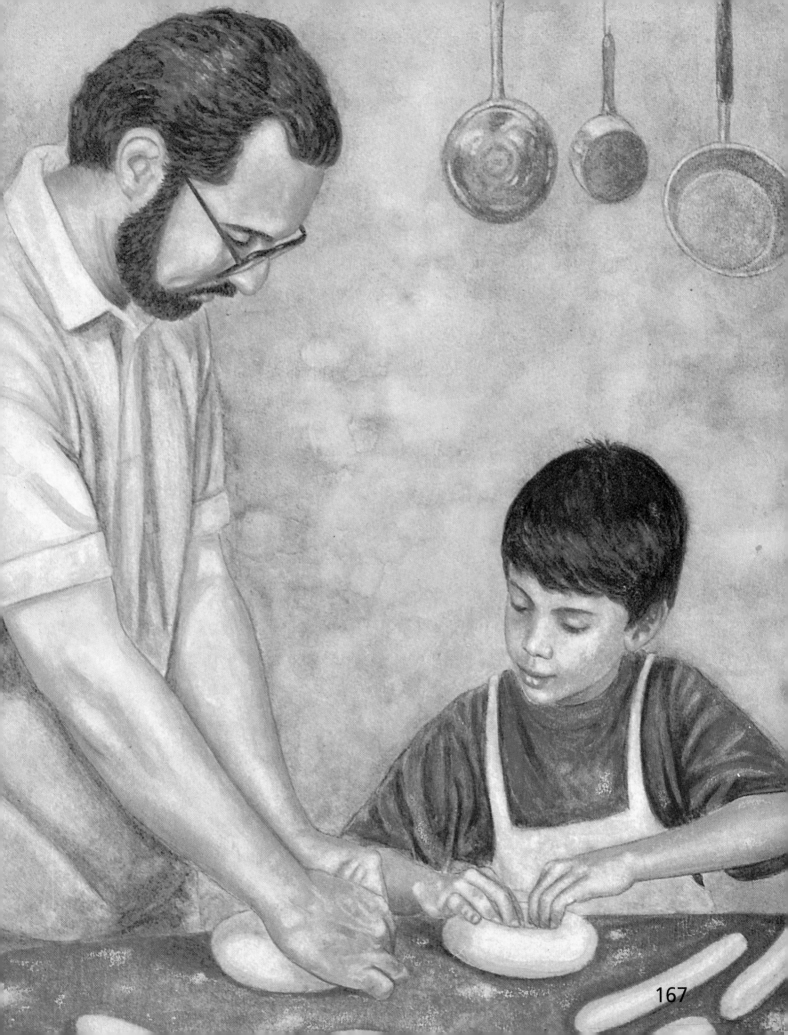

167

Mientras esperamos, mi papá hace *challah,* un pan judío trenzado. Él me deja trenzar un poco de masa para el challah en mi propia mesa para que practique. Es como trenzar el cabello. Los clientes dicen que es demasiado hermoso para comerlo.

—A lo mejor llevo una hogaza de challah a la escuela —le digo a Papá. Y él sonríe.

Cuando la masa de los bagels ya ha subido, Papá hierve los bagels en una olla grande llena de agua y luego, los saca con una cuchara que tiene agujeros. Luego, yo esparzo por encima semillas de amapola y de sésamo. Y después los metemos en el horno.

—Tal vez podría llevar bagels con semillas de sésamo y queso crema.

—¿Sin *lox*? —pregunta Papá.

Lox es salmón ahumado. El bagel favorito de mi papá es el de pan integral de centeno con queso crema untado y lox.

Yo arrugo la nariz y le digo: —El lox sabe a pescado. La mermelada es mejor.

Mi mamá nos ayuda a mi papá y a mí a preparar otra hornada de bagels. Ahora son bagels de jalapeños. Mis papás usan su propia receta especial. Mientras Papá amasa la masa, Mamá corta los chiles de jalapeño en trocitos pequeños. Luego, los echa en la masa y también añade pimientos rojos secos. Enrollamos, cortamos, hacemos círculos y los dejamos reposar para que suban. ¡Qué hambre tengo! ¡Tengo muchas ganas de que estén listos!

171

—¿Has decidido lo que vas a llevar a la escuela?
—me pregunta Mamá.

—Es difícil escoger. Todo es tan bueno —le digo.
Y mirando a Papá digo: —Menos el lox.

172

—Deberías decidirte antes de que abramos la panadería
—me avisa Mamá—, si no los clientes lo comprarán todo.

Me paseo por delante de todos los panes dulces, las barritas
con chocolate y los bagels.

Pienso en mi mamá y en mi papá y en todas las cosas distintas
que hacen en la panadería.

173

Y de pronto, sé exactamente lo que voy a llevar.

—Bagels de jalapeños —les digo a mis papás—.

Y los untaré con queso crema y mermelada.

—¿Por qué bagels de jalapeños? —me pregunta Papá.

—Porque son una mezcla de ustedes dos. ¡Igual que yo!

Estas recetas son de una panadería mexicana, judía y norteamericana de verdad. Se llama Los Bagels Bakery & Café y está en Arcata, California. Los niños deben pedir ayuda a un adulto para preparar estas recetas.

Barritas con chocolate

$\frac{1}{2}$ taza de mantequilla

$\frac{1}{2}$ taza de margarina

2 tazas de azúcar moreno

3 huevos

$2\frac{1}{3}$ de taza de harina

1 cucharada de levadura en polvo

1 cucharadita de sal

1 taza de pedacitos de chocolate

1 taza de nueces

Derrite la mantequilla y la margarina. Mientras se derriten, bate los huevos con el azúcar moreno y luego añade la mantequilla y la margarina derretidas. Después, añade la harina, la levadura en polvo y la sal, y remuévelo todo bien. Por último, echa los pedacitos de chocolate y las nueces. Vierte la mezcla en una bandeja engrasada de 9 x 13 pulgadas, y hornéala a una temperatura de 350 grados durante 45 ó 50 minutos.

Esta receta toma mucho tiempo. ¡Pero estos bagels bien valen la espera!

Bagels de jalapeños

$1\frac{3}{4}$ de taza de agua tibia

$\frac{1}{2}$ cucharadita de levadura seca

2 cucharaditas de sal

$1\frac{1}{2}$ cucharadas de azúcar

5 ó 6 tazas de harina

$\frac{1}{3}$ de taza de jalapeños cortados
   en trocitos pequeños

$\frac{1}{4}$ de taza de pimientos rojos secos

Mezcla el agua, la levadura, la sal y el azúcar. Añade la harina y los jalapeños, mézclalo todo muy bien y forma una bola con la mezcla. Amasa durante 10 ó 12 minutos, añadiendo más harina si es necesario, hasta que la masa esté consistente. Añade los pimientos rojos y amasa durante 3 minutos. Deja reposar la masa durante 10 minutos y luego, corta en 12 trozos con un cuchillo.

Forma una especie de tubito con cada pedazo de masa haciéndolo rodar sobre una mesa. Luego, une los dos extremos de cada pedazo sobreponiéndolos $\frac{3}{4}$ de pulgada y enróllalos dándoles forma de anillo. Procura que cada unión sea sólida para que no se separe al hervir.

Cúbrelos con una toalla húmeda y déjalos subir durante 1 ó 1$\frac{1}{2}$ hora en un lugar caliente. Hierve de 1 a 2 galones de agua en una olla grande. Coloca los bagels en el agua hirviendo y déjalos hervir hasta que floten (de unos 15 a 30 segundos). Sácalos con una cuchara de agujeros y colócalos en una bandeja de hornear ligeramente engrasada. Hornea a una temperatura de 400 grados por 10 ó 15 minutos o hasta que estén doraditos.

Bagels de jalapeños
por Natasha Wing
ilustrado por Robert Casilla

Piensa en la selección

1. ¿Por qué cree Pablo que los bagels de jalapeños son una buena elección para el Día Internacional de la escuela?

2. ¿Qué crees que sería divertido de tener un negocio familiar? ¿Qué podría ser difícil?

3. ¿Cuál de los alimentos que se describen en el cuento crees que te gustaría más? ¿Por qué?

4. En la panadería, Pablo ayuda de varias maneras. ¿De qué maneras puedes ayudar tú en casa o en la escuela?

5. **Conectar/Comparar** Si Pablo tuviera un hermano más pequeño o una hermana más pequeña, ¿qué podría contarle sobre su familia?

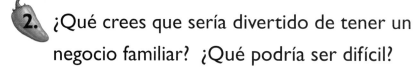

Escribe instrucciones

Piensa en una comida que sepas preparar. Escribe un párrafo para explicar cómo se prepara. Empieza por decir lo que vas a preparar. Luego, explica paso a paso lo que hay que hacer.

Consejos

- Para empezar, haz una lista de los ingredientes.
- Usa palabras de orden temporal como *primero*, *luego* y *después*.

Escritura Organizar ideas relacionadas

Matemáticas

Compara medidas

Lee las recetas de las páginas 175 a 177 para hacer barritas con chocolate y bagels de jalapeños. Luego contesta estas preguntas.

- ¿Para qué receta se necesita más harina?

- ¿Para qué receta se necesita más sal? ¿Cuánta más?

- ¿Para qué receta se necesita más azúcar?

Extra **Escribe dos preguntas más sobre las recetas. Pide a un compañero que las conteste.**

Estudios sociales

Haz un cartel para el Día Internacional

En un grupo pequeño, planeen su propio Día Internacional de la escuela o de la clase. Piensen en las comidas que gustan más a las familias. Luego, hagan un cartel para anunciar el Día Internacional. Incluyan en el cartel las comidas que escogieron.

Internet

Resuelve una sopa de letras en Internet

Aprende más cosas acerca de las panaderías y la elaboración del pan al resolver una sopa de letras en Education Place. **www.eduplace.com/kids**

**Destreza: Ajustar
la velocidad de
lectura**

❶ Pregúntate lo
que ya sabes o lo
que te gustaría
saber sobre el
tema.

❷ Cuando leas
para buscar
información, lee
más despacio
para asegurarte
de que entiendes
los datos.

❸ Cuando llegues a
una parte fácil de
entender, lee a
tu ritmo normal.

Estándares

Lectura

• **Seguir
instrucciones
escritas**

Bienvenido a la cocina

por Carolyn E. Moore, Mimi Kerr y Robert Shulman

Cuando se trata de comer bien, la cocina es el mejor sitio en el que uno puede estar. Cocinar es divertido y también lo es comer. Puedes preparar meriendas, comidas, postres especiales para las fiestas para ti y para toda tu familia.

Si no estás acostumbrado a cocinar, es mejor que le pidas a un adulto que te ayude y que te muestre cómo usar los instrumentos de cocina.

La seguridad es lo primero

1. Vístete de manera adecuada. Remángate y recógete el pelo para que no se mezcle algo con la comida. Ponte un delantal para que no se te ensucie la ropa.

2. Mantén los dedos bien lejos de la parte afilada de los cuchillos. Toma los cuchillos por el mango y no por la cuchilla. Corta siempre los alimentos sobre una tabla de madera y no mientras los sujetas con la mano.

3. Antes de enchufar los electrodomésticos, asegúrate de que están apagados.

4. Usa guantes de cocina para levantar las ollas de la estufa, para ponerlas en el horno y para sacarlas.

5. Los mangos de las ollas no deben sobresalir de los lados de la estufa porque alguien podría tropezar con ellos.

6. Cada vez que termines de cocinar algo, apaga inmediatamente el horno o la hornilla.

Desarrollar conceptos

Carrusel
por Pat Cummings

Carrusel

Vocabulario

enojada
gruñendo
mal humor
prometido
protestando
refunfuñando

Estándares

Lectura

- El significado de prefijos y sufijos

UN MAL DÍA

¿Alguna vez le has hablado refunfuñando a alguna persona aunque no estuvieras muy enojado con ella? ¿O estuviste protestando o discutiendo porque estabas cansado? ¿O estuviste gruñendo porque rompiste tu juguete favorito? Todos tenemos días malos de vez en cuando.

A veces, la gente está enojada o se pone de mal humor cuando tiene un mal día. En el cuento que vas a leer, una niña se enoja porque alguien no cumplió lo que había prometido. Averigua lo que aprende de su mal día.

Conozcamos a la autora e ilustradora
Pat Cummings

Archivo de datos

Cumpleaños: 9 de noviembre

Libros infantiles favoritos:
The Chronicles of Narnia
por C.S. Lewis

Cómo hace sus ilustraciones:
Ella ha usado todo tipo de materiales para hacer las ilustraciones de sus libros: acuarelas, acrílicos, papel pintado y sellos.

Sus ilustradores favoritos:
Lane Smith, Chris Van Allsburg, Floyd Cooper, y Lois Ehlert

Mascotas: Tiene un gato que se llama Cash.

Otros libros:

Petey Moroni's Camp Runamok Diary

Clean Your Room, Harvey Moon

Storm in the Night

Si te gustó el cuento *Carrusel* y quieres leer más cosas acerca de Pat Cummings, visita Education Place. **www.eduplace.com/kids**

184

Carrusel

por Pat Cummings

El cumpleaños de una niña se convierte en un mal día. Al leer, trata de **predecir** cómo terminará.

Alexa no quería llevar ni trenzas, ni zapatos
relucientes ni un vestido lleno de botones nacarados.
Y por supuesto, no quería comerse el pastel de
cumpleaños después de la cena con sólo sus tías.

—¿Dónde está papá? —dijo refunfuñando por
octava vez.

—Estate quieta, Alexa —le dijo su mamá jalándole
el pelo.

Su mamá le hizo quitarse las zapatillas de deporte
y los jeans. Y la llenó de lazos y volantes.

187

La cena fue interminable. Alexa empujaba los chícharos de un
lado al otro del plato. Partió un pedazo de papa con el tenedor, lo
empapó con el jugo de la carne y se lo comió como si fuera un cono
de helado.

—¡Alexa! —le advirtió su mamá enojada, y luego miró a las
tías con una sonrisa—. Abre los regalos antes de comer el pastel.

Antes de que Alexa pudiera decir: —Esperemos a Papá—,
sus tías retiraron los platos rápidamente, sacaron los globos de
las bolsas y colocaron un sombrero de fiesta en cada cabeza.
Había una pila de regalos para abrir.

Alexa abrió primero el regalo de tía Leah.

—Tengo un *millón* de pijamas —dijo Alexa de mal humor.

189

Desenvolvió el regalo de tía Ruby.
Era un tutú de bailarina lleno de volantes.
A tía Ruby le gustaban las cosas brillantes.
—¡Rasca! —dijo Alexa protestando. Su
mamá la miró enojada, pero a Alexa le daba
igual.

Luego, hurgando entre los papeles de
seda, Alexa encontró un par de pantuflas
rosadas, peludas y alargadas. Tenían orejas
de conejo, ojos saltones y ¡BIGOTES!
Tía Rose fue corriendo a buscar su cámara.
—Ni hablar —dijo Alexa gruñendo.

—¡Alexa! —gritó su mamá bruscamente—. Tal vez será mejor que te vayas a la cama.

Alexa les dio un abrazo a sus tías y les dio las gracias rápidamente. Y es que Alexa no estaba enojada con ellas.

—Pero papá me había prometido que... —empezó a decir.

—Cariño, él dijo que lo intentaría. Además —añadió su mamá, dándole el último regalo—, me dijo que te diera esto si no regresaba a tiempo del viaje.

Alexa sintió que se le calentaban los cachetes.
¡Él sabía muy bien que no estaría en casa! Quitó el
lazo de un tirón y arrancó el papel de regalo.

—¡Aaaaay! —dijeron las tías. Frente a sus ojos
estaba el carrusel en miniatura más perfecto que Alexa
jamás había visto.

—Papá dijo que estaría aquí —siseó
Alexa enojada. Las tías se callaron—.
¡Lo prometió! —repetía Alexa dando
patadas a los lazos que había por el piso.

—¡Muy bien, jovencita! ¡A la cama sin
pastel! —le ordenó su mamá.

Pero a Alexa no le importaba. De todas
formas, quería arrancar de un soplido todas
las rosas de azúcar del pastel.

—Buenas noches —rugió Alexa. Y
subió cabizbaja las escaleras sujetando el
carrusel por una de sus delicadas columnitas.

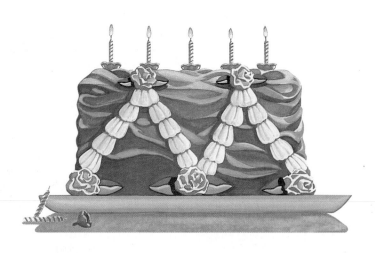

—Me da igual —dijo Alexa. Y se quitó los lazos
del pelo y se quitó el vestido sin desabrocharse ni un
solo botón.

—Él lo sabía. Lo sabía —decía mientras tocaba
los animalitos.

Alexa oyó las risas de sus tías. "Se están comiendo
mi pastel", pensaba Alexa.

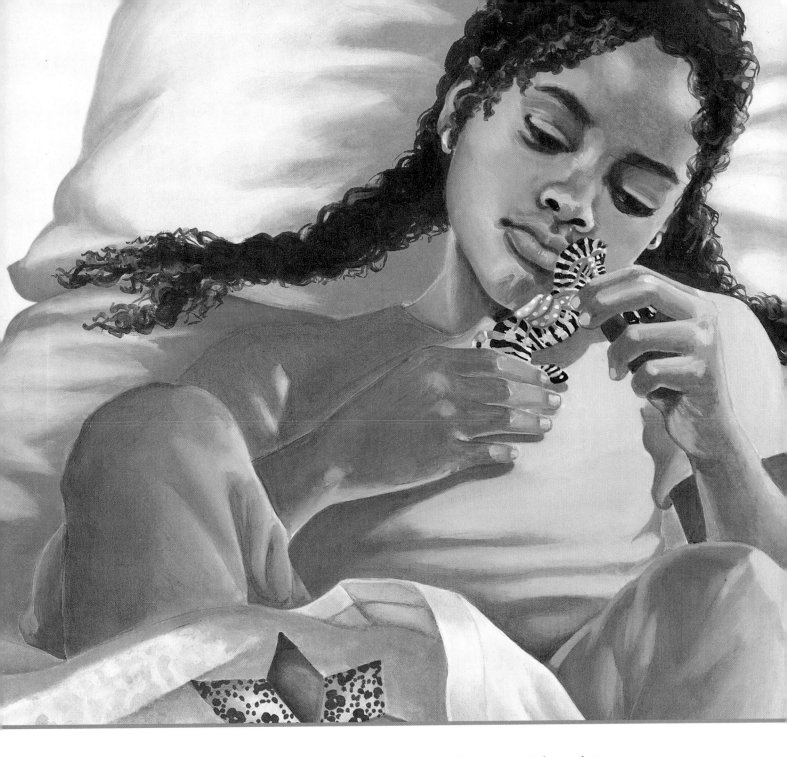

Se sentó sobre la cama de un salto, quitó la cobija
con los pies y le dio una patada al carrusel. Se oyó un
pequeño ruido. Muy despacio, recogió el carrusel del
piso y lo estudió. Parecía que las delicadas patitas de
la cebra estaban un poco flojas. Y con sólo tocarlas,
se rompieron del todo.

La carita pintada de la cebra parecía enojada. Alexa tenía que arreglar el carrusel antes de que llegara su papá o si no pensaría que no le gustó su regalo. Alexa bostezó. Luego, se acomodó en la cama. Por la mañana tendría tiempo de arreglar el carrusel.

Alexa se durmió sin darse cuenta. Y de repente, notó que algo le tocaba la rodilla y se despertó justo a tiempo de ver salir por la ventana a saltitos al último animal del carrusel.

—¡Oh, no! —exclamó Alexa asombrada. Tenían
que volver. El carrusel vacío estaba sobre la cama,
abandonado y triste.

—Papá —susurró Alexa.

Alexa corrió hacia la ventana y, sabiendo lo que
tenía que hacer, se deslizó fácilmente hasta la suave
hierba del jardín.

¡Los animales se escapaban! Alexa echó a correr tras ellos, pero no podía alcanzarlos. Parecía que la luz de la luna los hacía crecer y sus patas daban zancadas más largas. Un pie por aquí, unas orejas por allá y bigotes entrando y saliendo de las hojas azuladas de la noche.

Y justo cuando
pensaba que los había perdido para
siempre, Alexa los vio esperando más allá de
los árboles altos. La estaban esperando a ella.
Alexa se acercó de puntillas a la cebra y con
cuidado se trepó a su lomo. Le salía un pedacito
de columna, justo por donde Alexa la rompió.

—Lo siento —le susurró al oído, como
si pudiera oírla.

La cebra agitó la crin y comenzó
a trotar, luego a galopar y luego,
¡a volar!

Y sin parar de
dar vueltas, todos los
animales corrían por el aire con la cebra.
De la rana al flamingo, del conejo a la
jirafa..., Alexa cabalgaba por turnos
sobre todos los animales..., cabeza
abajo, de pie, con una mano,
sin manos, con los ojos
cerrados...

204

206

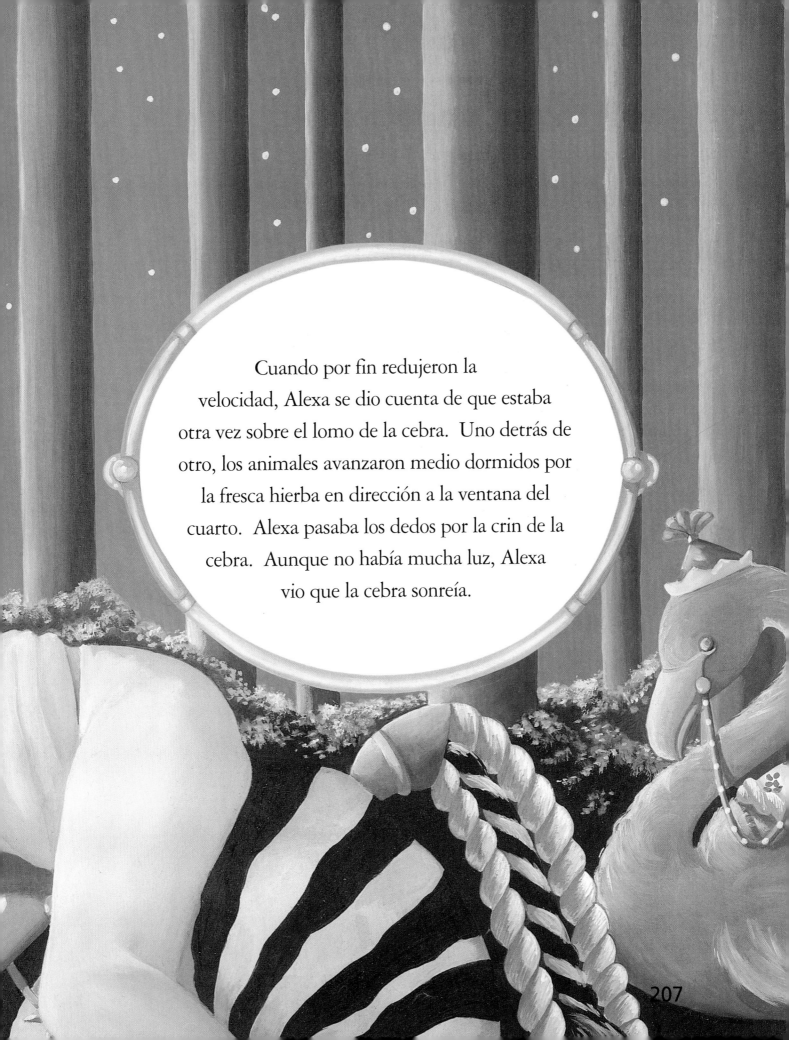

Cuando por fin redujeron la
velocidad, Alexa se dio cuenta de que estaba
otra vez sobre el lomo de la cebra. Uno detrás de
otro, los animales avanzaron medio dormidos por
la fresca hierba en dirección a la ventana del
cuarto. Alexa pasaba los dedos por la crin de la
cebra. Aunque no había mucha luz, Alexa
vio que la cebra sonreía.

Primero, abrió un ojo. Luego, abrió el otro. Ya era de día.

—¡Ay! —Alexa se incorporó de un salto. Se acordaba de todo. Recordaba que todos los animales del carrusel se habían escapado.

Apartó la cobija y las sábanas, pero ahora no había ni un solo animalito. Se arrodilló en el piso y miró debajo de la cama. No había ni flamingo, ni leopardo, ¡ni nada!

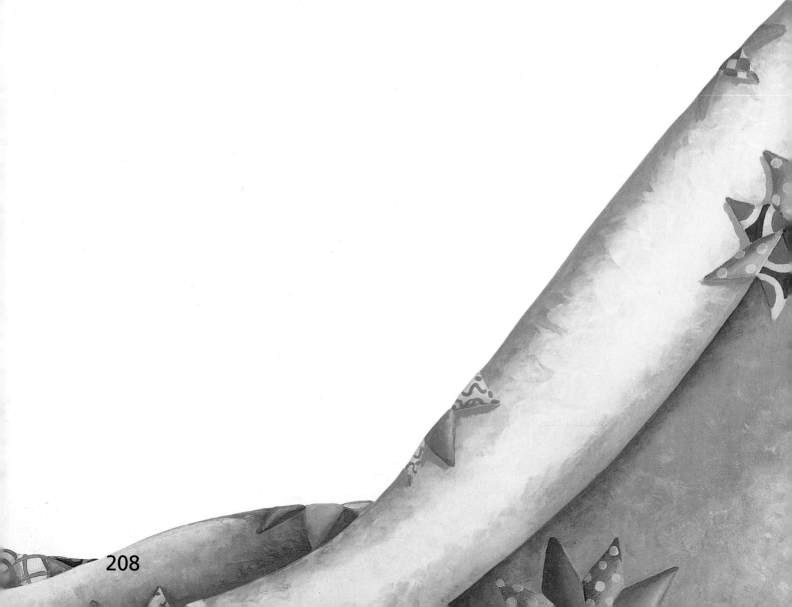

209

—Feliz cumpleaños, dormilona. ¿Estás despierta?

¡Su papá estaba en casa! La abrazó y le dio un beso en la nariz. Luego, vio el carrusel en el piso debajo de la ventana.

—Papá, siento haberlo roto —le dijo Alexa.

—Y yo siento haberme perdido tu cumpleaños —respondió su papá—. Me enojé mucho cuando vi que el avión tardaba tanto en llegar. Pero no podía seguir enojado. ¿Sabes por qué?

Alexa dijo que no con la cabeza.

—Porque lo mismo que me enojó, también me alegró. Estaba contento porque sabía que regresaba a casa.

—¿Alguien quiere desayunar? —preguntó su
mamá, mientras iba hacia la ventana a cerrarla—.
Parece que anoche sopló fuerte el viento —le dijo a
Alexa su mamá guiñándole el ojo.

Alexa le dio un beso a cada uno.

—Parece que tenemos un poco de trabajo —dijo su
papá poniendo la cebra diminuta en la mano de Alexa.

—¿Qué hay para desayunar? —preguntó Alexa.

—Pues hay pastel revuelto y tortillas de helado
—respondió su mamá con una sonrisa. Luego, salió del
cuarto y bajó a la cocina.

Alexa tomó a su papá de la mano.

213

—Y ponte esas bonitas pantuflas para que papá las vea —le dijo su mamá gritando desde la cocina.

Alexa apretó fuerte la mano de su papá. ¡Le iban a *encantar* sus nuevas pantuflas!

Reacción

Carrusel
por Pat Cummings

Piensa en la selección

1. ¿Cómo crees que se sintió Alexa al día siguiente por su comportamiento en la fiesta?

2. ¿Cómo crees que se sentía el papá de Alexa por haberse perdido su fiesta de cumpleaños?

3. ¿Qué crees que le pasó a Alexa desde que se acostó hasta que se despertó por la mañana?

4. ¿Cómo crees que te sentirías si rompieras un regalo muy especial que te gustaba mucho?

5. **Conectar/Comparar** Compara a Pablo de *Bagels de jalapeños* con Alexa. ¿En qué se parecen? ¿En qué se diferencian?

Escribe una narración personal

El papá de Alexa le regaló algo muy especial. Piensa en algo que te regalaron o que tú regalaste. Compara el mejor regalo que has recibido con el carrusel de Alexa. Escribe un cuento sobre tu regalo.

Consejos

- Asegúrate de que los sucesos de tu narración estén en orden. Después de cada punto, recuerda que debes empezar con letra mayúscula.

Arte

Diseña un carrusel de animales

Escoge un animal del cuento o piensa en tu animal favorito. Usa creyones o marcadores para dibujar y colorear tu animal. En grupo, hagan un carrusel con recortes de cartulina y pongan todos sus animales en el carrusel.

Escuchar y hablar

Practica cómo ser educado

Alexa no les dio las gracias a sus tías de una forma apropiada. Con un compañero de clase, interpreten por turnos el papel de Alexa dándole las gracias a su tía. Digan cosas sobre el regalo y expliquen por qué les gustó.

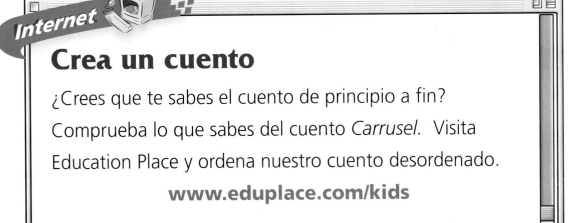

Internet

Crea un cuento

¿Crees que te sabes el cuento de principio a fin? Comprueba lo que sabes del cuento *Carrusel*. Visita Education Place y ordena nuestro cuento desordenado.

www.eduplace.com/kids

Destreza: Cómo leer un artículo de revista

❶ Lee el título y los subtítulos para identificar el tema.

❷ Piensa en lo que ya sabes del tema.

❸ Mira las fotos y lee las leyendas.

❹ Vuelve al principio y lee con mucha atención el artículo.

Estándares

Lectura

• Usar información de un texto expositivo

Carrusel
diseñado por niños

por Kathy Kranking, de la revista *Ranger Rick*

¿Alguna vez has dibujado a tu animal favorito? ¿Te imaginas que alguien construyera una copia exacta de tu dibujo, pero mucho más grande para que te pudieras montar? Pues eso mismo es lo que pasó con los dibujos de un grupo de niños afortunados de Nueva York. Y ahora esos niños pueden montarse en sus animales siempre que quieran.

Los animales forman parte del Carrusel infantil que hay en el parque estatal Riverbank en la ciudad de Nueva York. Es el primer carrusel del mundo diseñado por niños.

¿Y de dónde salió la idea? El mago que hay detrás de esta mágica idea es un artista llamado Milo Mottola. Las autoridades de la ciudad querían que un artista construyera un carrusel en el parque y le pidieron a Milo que pensara en algo.

Milo estuvo pensando durante mucho tiempo. Luego, vio a un niño amigo suyo dibujando un caballo. "¡Eso es!", dijo Milo. "Pediré a los niños que dibujen animales divertidos y con formas caprichosas. Y que además sean ¡graciosos y maravillosos!"

219

Así que Milo habló con muchos niños y niñas que vivían en el barrio cercano al parque estatal Riverbank. La mayoría de ellos eran estudiantes de primer grado y de segundo grado. Milo Mottola les pidió que dibujaran a sus animales favoritos.

Luego, el señor Mottola puso manos a la obra. En el carrusel sólo cabrían 36 animales. Así que tuvo que escoger 36 dibujos de entre los miles de dibujos que habían hecho los niños. Por fin, decidió los que iba a escoger.

¿Cómo pasaba cada animal del papel al carrusel? Esto es lo que pasó con este venado que dibujó Edwin Vargas.

¿Cómo se hacen?

220

Lizzie Queena Castle muestra orgullosa su caballo de carrusel. ¿Ves lo mucho que se parece a su dibujo? Los animales del carrusel demuestran lo que sucede cuando una buena idea se pone en práctica.

221

Desarrollar conceptos

Pastel
de truenos
por Patricia Polacco

Pastel de truenos

Vocabulario

estruendo
horizonte
relámpago
tiempo
trueno

Estándares

Lectura
- Usar patrones de ortografía

Truenos y relámpagos

Probablemente has oído el **estruendo** de los truenos en una tormenta. El **trueno** es el fuerte ruido que se oye después de un **relámpago**.

Un relámpago es un rayo instantáneo producido por una descarga eléctrica y que ilumina el cielo durante una tormenta. Normalmente, las tormentas se producen cuando el **tiempo** es cálido.

En el cuento que vas a leer ahora, una abuela ayuda a su nieta a superar su miedo a las tormentas.

La próxima vez que veas una tormenta en el **horizonte**, puedes refugiarte en casa o dentro de un carro. ¡Allí estarás a salvo!

Conozcamos a la autora e ilustradora
Patricia Polacco

Contar cuentos siempre fue una tradición en la familia de Patricia Polacco. Por eso no es ningún misterio que ella sea una estupenda narradora de cuentos. *Pastel de truenos* es un cuento basado en la infancia de Patricia Polacco en la granja de su abuela en Michigan.

Patricia Polacco vive en una casa a la que ella llama "Cadena de Meteoritos". Allí escribe sus cuentos. Sus útiles de arte no caben todos en el cuarto de trabajo de su casa, por eso tiene un estudio en otra casa, que usa exclusivamnete para ilustrar. Esta casa está sólo a una cuadra de distancia de "Cadena de Meteoritos".

Otros libros por Patricia Polacco:

My Rotten Redheaded Older Brother
Rechenka's Eggs
Meteor!

Patricia Polacco pasa mucho tiempo en su estudio ilustrando sus libros. Para saber cómo hace sus ilustraciones, visita Education Place. **www.eduplace.com/kids**

Pastel
de truenos

por Patricia Polacco

Estrategia clave

Al leer sobre una niña a la que le asustan las tormentas, **revisa** tu comprensión. Si tienes preguntas, haz pausas y vuelve a leer para **aclarar** tus dudas.

La abuela miró hacia el horizonte,
respiró hondo y dijo: —¡Mal tiempo!
Hoy es sin duda un día para hacer un
Pastel de truenos. Parece que se
avecina una tormenta.

—Niña, sal de debajo de la cama.
Eso que oyes son sólo truenos —dijo
mi abuela.

229

El aire estaba caliente, pesado y húmedo. Un trueno tremendo sacudió la casa e hizo vibrar todas las ventanas. Del susto, me abracé muy fuerte a mi abuela.

—Tranquila, niña —me susurró—. Si no te despegas de mí, hoy no podremos hacer un Pastel de truenos.

—¿Un Pastel de truenos? —repetí tartamudeando. Y me abracé a ella aún más fuerte.

—No te preocupes por los truenos. Tú sólo debes preocuparte por saber cuándo estará aquí la tormenta. Cuando veas un relámpago, empieza a contar... muy despacio. Cuando oigas un trueno, para de contar. Ese número es el número de millas de distancia a las que está la tormenta.

—¿Lo entiendes? —me preguntó—. Debemos saber a qué distancia está de aquí la tormenta. Así sabremos cuánto tiempo tenemos para hacer el pastel y meterlo en el horno antes de que llegue la tormenta. Porque si no, no será un auténtico Pastel de truenos.

Abuela observó los negros nubarrones que estaban a lo lejos. Luego, entró en la cocina dando grandes zancadas. Con sus manos cansadas sacó un grueso libro de la repisa que hay encima de la estufa.

—A ver si encontramos esa receta, niña —dijo animada, mientras hojeaba con mucho cuidado las hojas llenas de manchas de grasa, hasta que llegó a una hoja con una esquina doblada.

—¡Aquí está! Pastel de truenos —dijo. Y anotó con esmero los ingredientes en otra hoja de papel.

—Y ahora a buscar todo lo que necesitamos —exclamó mientras corría hacia la puerta trasera.

Cuando estábamos junto a la puerta del establo, hubo un tremendo relámpago. Empecé a contar como me había dicho mi abuela: —1–2–3–4–5–6–7–8–9–10.

Luego, ¡ESTALLÓ el trueno!

—Diez millas... La tormenta está a diez millas
—dijo mi abuela mirando al cielo—. Yo diría que la tormenta
está a una hora de aquí. Date prisa con esos huevos, niña.
Pero ten cuidado.

Los huevos eran de la gallina vieja y mala, Petra Picotes.
¡Qué miedo! Seguro que intentaría darme un picotazo.

—No tengas miedo. Yo estoy aquí. No te hará nada.
Recoge los huevos —dijo bajito.

Se vio otro relámpago.

Y yo conté: —1–2–3–4–5–6–7–8–9.

—Nueve millas —me recordó la abuela.

Ahora necesitábamos leche. Leche de la vieja
Vaca Pateadora. Mientras la abuela la estaba ordeñando,
Vaca Pateadora se giró y me miró con cara de mala.
¡Qué miedo! Era tan grande.

Otro relámpago rasgó el cielo.

Y yo conté: —1–2–3–4–5–6–7–8.

—BARUUUUUUUM —hizo el trueno.

—Ocho millas, niña —dijo con voz ronca mi abuela—.
Ahora necesitamos chocolate, azúcar y harina del cobertizo.

Al salir de la granja en dirección al cobertizo,
yo estaba asustadísima cuando íbamos por el camino
del Bosque Enroscado. De repente, ¡un relámpago
rajó el cielo!

Y yo conté: —1–2–3–4–5–6–7.

—BUUUUUUM BA-BUUUUUUM —retumbó
el trueno. Me asusté mucho, pero seguí caminando
al lado de la abuela.

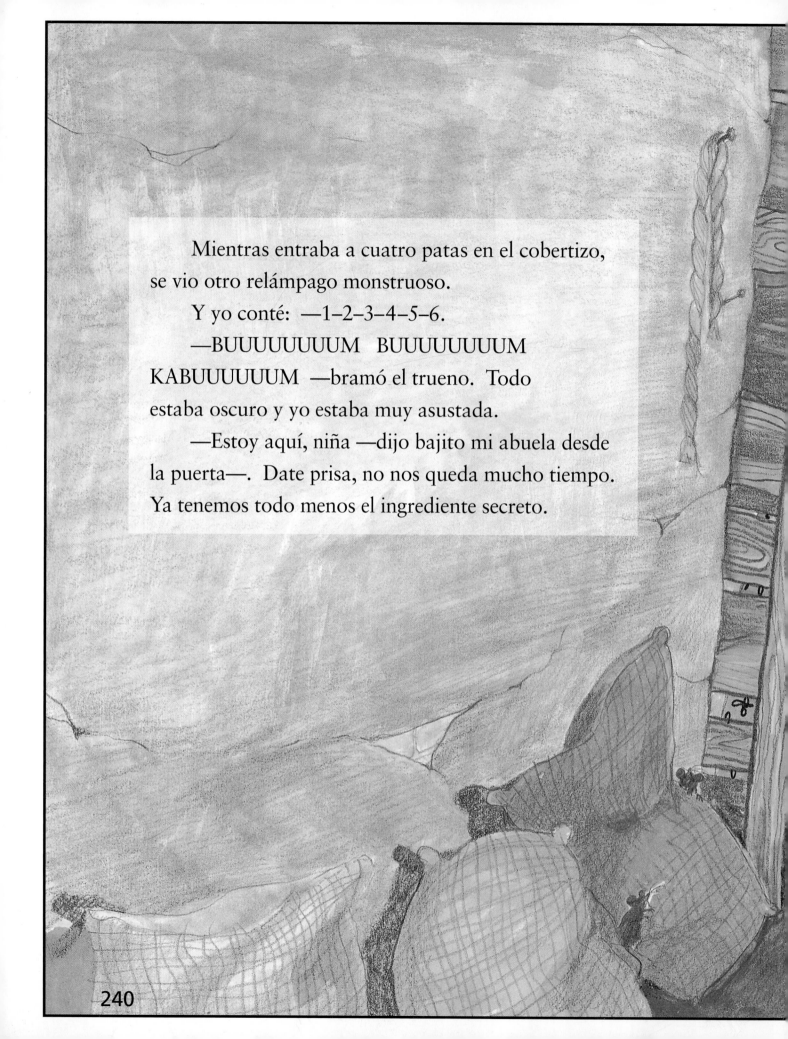

Mientras entraba a cuatro patas en el cobertizo, se vio otro relámpago monstruoso.

Y yo conté: —1–2–3–4–5–6.

—BUUUUUUUM BUUUUUUUM KABUUUUUUM —bramó el trueno. Todo estaba oscuro y yo estaba muy asustada.

—Estoy aquí, niña —dijo bajito mi abuela desde la puerta—. Date prisa, no nos queda mucho tiempo. Ya tenemos todo menos el ingrediente secreto.

241

—Tres tomates bien maduros y algunas fresas
—susurró Abuela mientras ojeaba la lista.

Me trepé hasta lo alto de la reja. El suelo estaba
muy lejos. ¡Qué miedo sentí!

—Estoy aquí, niña —decía la abuela con voz
firme y tranquila—. No te vas a caer.

Arranqué tres suculentos tomates mientras
ella recogía las fresas. ¡Relampagueó otra vez!

Y yo conté: —1–2–3–4–5.

—KA-BUUUUUUUARUUUUM —gruñó
el trueno.

Regresamos a casa a toda prisa. La cocina estaba calentita, y nos pusimos a medir los ingredientes. Yo añadía los ingredientes al tazón y la abuela los mezclaba. Luego, hice la mantequilla y derretí el chocolate para cubrir el pastel. Por último, vertimos la masa en los moldes y los pusimos los dos juntos en el horno.

¡Un nuevo relámpago iluminó la cocina! Y cuando sólo había contado hasta tres:

—BUUUUUUM —retumbó otro trueno.

—Tres millas —dijo Abuela— y el pastel ya está en el horno. ¡Lo logramos! Nos vamos a comer un Pastel de truenos delicioso.

Mientras esperábamos que el pastel estuviera listo, Abuela miró por la ventana por un buen rato.

—¿Ya no te dan miedo los truenos? ¡Eres muy valiente! —me dijo mirándome a los ojos.

—Abuela, yo no soy valiente —le dije—. Me escondí debajo de la cama, ¿recuerdas?

—Pero saliste de ahí abajo —respondió la abuela—, y recogiste los huevos de la gallina vieja y mala Petra Picotes, tomaste la leche de la vieja Vaca Pateadora, fuiste al cobertizo por el camino del Bosque Enroscado y te trepaste a lo alto de la reja del establo. Desde mi punto de vista, sólo una persona muy valiente hubiera podido hacer todo eso.

247

248

Mientras el estruendo de los truenos se oía cada vez más cerca, me puse a pensar. Ella tenía razón. ¡Yo era valiente!

—Niña, las personas valientes no se asustan con un ruido —decía, mientras poníamos el mantel y la mesa. Cuando terminamos de poner la mesa, corrimos a la cocina a sacar el pastel del horno. Lo dejamos enfríar y luego lo adornamos.

En ese mismo momento, se vio otro relámpago, y esta vez iluminó todo el cielo.

Antes de que el último relámpago desapareciera, un trueno nos RRRRETUMBÓ encima:

—BBBBAAAAARRRRUUUUUUUMMMMMMMMMMM BBUUMM BBBUUUMMM.

¡La tormenta ya estaba aquí!

—Perfecto —susurró la abuela—, sencillamente perfecto.

La abuela sonreía feliz mientras ponía la última fresa sobre la brillante capa de chocolate del Pastel de truenos.

Mientras la lluvia caía a cántaros sobre el tejado, Abuela cortó un pedazo de pastel para cada una. Luego, sirvió dos tazas de humeante té del samovar.

El trueno RETRONÓ tan fuerte encima de nosotras que temblaron las ventanas y vibraron todos los platos de la alacena. Nosotras sonreímos y nos comimos nuestro Pastel de truenos.

Desde aquel día, jamás he vuelto a temer a la voz del trueno.

El Pastel de truenos de Abuela

Batir los ingredientes juntos,
uno por uno   **Tamizar**

    1 taza de manteca $2\frac{1}{2}$ de taza de harina

    $1\frac{3}{4}$ de taza de azúcar $\frac{1}{2}$ taza de cacao en polvo

    1 cucharadita de vainilla $1\frac{1}{2}$ cucharaditas de bicarbonato

    3 huevos, (separar las yemas de   1 cucharadita de sal
      las claras)

    (Mezclar las yemas. Batir las
    claras a punto de nieve y luego
    añadirlas al tazón.)

    1 taza de agua fría
    $\frac{1}{3}$ de taza de tomates triturados

Mezcla la mezcla seca con la mezcla cremosa.

Unta una fina capa de manteca sobre los dos moldes redondos de
$8\frac{1}{2}$ pulgadas y enharínalos. Vierte la masa en los moldes y ponlos en
el horno a una temperatura de 350° durante unos 35 ó 40 minutos.
Cubre el pastel con la mezcla de mantequilla y chocolate derretido,
y por último adórnalo con fresas.

Reacción

Pastel de truenos
por Patricia Polacco

Piensa en la selección

1. ¿Por qué crees que Abuela quiere que la niña salga fuera de la casa?

2. ¿Cómo crees que Abuela aprendió a no tener miedo durante una tormenta?

3. ¿Qué hace la autora para que sepas que se acerca una tormenta?

4. ¿Por qué crees que Patricia Polacco decidió compartir esta historia?

5. **Conectar/Comparar** ¿De qué manera es importante la comida en los cuentos *Bagels de jalapeños* y *Pastel de truenos*?

Crear

Escribe un poema acróstico

Escoge una palabra del cuento relacionada con las tormentas. Escribe verticalmente la palabra en el margen izquierdo de una hoja de papel. Usa las letras de la palabra que escogiste para empezar la primera palabra de cada verso de tu poema.

Consejos

- Para empezar, haz una lista de palabras que empiecen con cada una de las letras.
- No hace falta que tu poema rime.

Lectura Comparar elementos del cuento

Ciencias

Compara temperaturas

Coloca un termómetro en la calle sobre una superficie de asfalto en un lugar soleado. Espera tres minutos, luego anota la temperatura. Después coloca el termómetro sobre la hierba. Espera tres minutos, luego anota la temperatura. Compara las temperaturas.

Consejos

- Anota la información en una tabla de dos columnas.
- Usa un cronómetro para llevar la cuenta del tiempo.

Observar

Identifica sentimientos

Busca una ilustración que muestre cómo se siente la niña al principio del cuento. Luego, busca otra ilustración que muestre lo que siente más adelante. Con un compañero, comenten los detalles que distinguen las dos ilustraciones.

Revoltijo de palabras en Internet

¡Todos los ingredientes para el pastel de truenos están revueltos! Visita Education Place para resolver esta sopa de ingredientes.

www.eduplace.com/kids

Matemáticas / Escuchar/Hablar   **Anotar datos**   **Recontar cuentos**

Destreza: Cómo leer una obra de teatro

❶ Lee el título y predice de qué va a tratar la obra.

❷ Al leer, fíjate en el **reparto** de los **personajes**.

❸ Presta atención a las **instrucciones de escena**.

❹ Lee por turnos y en voz alta las líneas de cada personaje. Las obras de teatro se escriben para ser interpretadas, por eso se deben ensayar en voz alta.

Estándares

Escuchar/Hablar

• **Hablar con claridad/ apropiadamente**

Ciencias

• **La reproducción de las plantas**

Sol y Hielo

De *Out of the Bag: The Paper Bag Players Book of Plays*

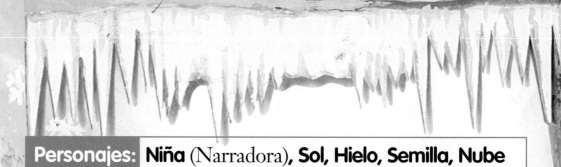

Personajes: **Niña** (Narradora)**, Sol, Hielo, Semilla, Nube**

Niña: Invierno, primavera, verano, otoño. Invierno, primavera, verano, otoño.

Hielo: *(Entra)* No este año.

Niña: Este año el invierno no quiso irse. *(Se va)*

Hielo: ¿Por qué debería irse? El mundo entero está frío y blanco y hermoso. Los lagos están congelados. Las montañas están cubiertas de nieve. Cuelgan carámbanos de hielo de los árboles. El invierno es la fuerza más poderosa de la Tierra.

Sol: *(Entra)* Con una excepción.

Hielo: ¡Es el sol! Va a estropearlo todo.

258

Sol: Todo lo has enfríado, endurecido y paralizado. Pero yo con mi calor, voy a hacer que todo se caliente, crezca y se mueva. *(Mientras discuten, Hielo trata de ocultar a Sol y Sol trata de ocultar a Hielo.)*

Hielo: Yo hago la nieve y las tormentas de nieve.

Sol: Yo caliento.

Hielo: Yo enfrío.

Sol: Caliente.

Hielo: Frío. *(Se oyen truenos desde detrás del escenario)*

Sol: ¡Truenos! *(Entra una nube.)*

Semilla: *(Entra)* ¿Dónde, dónde, dónde puedo encontrar un lugar para sembrarme?

Sol: ¿Qué es?

Nube: Es una semilla.

Semilla: Busco un lugar donde crecer, ¡pero la tierra está tan fría y dura! Sol, ¿no podrías calentar la tierra, aunque sólo sea un poquito?

Sol: *(Acercándose a Nube)* Discúlpeme, Nube, esta semillita me necesita.

Semilla: *(A Sol)* ¿Qué hace Hielo aquí? Él no debería estar aquí.

Sol: Ya la has oído, Hielo. Es hora de que te vayas. *(Ahora Sol se siente poderoso y persigue a Hielo por todo el escenario.)*

Sol: ¡Derrítete!

Hielo: Muy bien, me derretiré, pero regresaré. *(Se va)*

Sol: *(A Semilla)* Ahora ya puedes empezar a crecer.

Semilla: Justo a tiempo. Me pican las raíces y tengo las hojas a punto de salir. Debo crecer, no puedo parar. Necesito sol.

Sol: El sol está aquí. *(Da una vuelta alrededor de Semilla para sugerir los rayos del sol)* ¿Qué tal ahora?

Semilla: Estoy reseca.

Nube: Necesitas lluvia.

Sol: *(Dando vueltas alrededor de Semilla)* Y sol.

Nube: Y lluvia.

Sol: Y ahora, ¿qué tal?

Semilla: Ahora sí estoy a gusto.

Sol: Creo que es hora. Vamos semillita, que tú puedes. Vamos, que falta poco. Vamos. *(Una flor está abierta del todo.)* ¡Buen trabajo, pequeña flor!

Nube: Oh, pequeña flor, ¡qué bonita eres! Se acabó mi trabajo. No soy más que un recuerdo. *(Se va cabizbaja y triste)*

Sol: La semilla se ha convertido en una flor y hace un día lindísimo.

Fin

261

☑ Responder a una pregunta por escrito

Muchas pruebas te piden que respondas por escrito a una pregunta sobre algo que has leído. Es posible que tengas que escribir una o dos oraciones. Aquí tienes un ejemplo de pregunta para *Hermanos y hermanas*. Usa los consejos como ayuda para responder a este tipo de preguntas.

Consejos

- Lee atentamente las instrucciones y la pregunta para que sepas lo que tienes que hacer.

- Asegúrate de que sabes lo que te pide la pregunta.

- Piensa en tu respuesta antes de empezar a escribir.

Responde a esta pregunta por escrito.

1 ¿En qué se parece tener una hermana a tener un hermano? Da dos razones.

_____

_____

_____

_____

Lee ahora la respuesta de un estudiante y observa cómo la planeó.

Cuando tienes una hermana o un hermano,

es importante aprender a compartir. Además,

una hermana menor o un hermano menor

no saben jugar como se debe.

Esta respuesta está bien porque da dos razones por las cuales tener una hermana es como tener un hermano.

Se me ocurre una razón por la cual tener una hermana es como tener un hermano, pero la pregunta pide dos razones. Voy a buscar más información en la selección.

Ahora ya sé dos razones por las cuales tener una hermana puede ser lo mismo que tener un hermano. Voy a escribir mi respuesta.

263

Biografías

¿Te gustaría conocer a alguien hoy? Si es así, ¡lee una biografía!

¿Qué es una biografía?
- Es la historia real sobre la vida de una persona.
- Dice lo que hizo esa persona.
- Menciona los eventos que tuvieron lugar durante la vida de esa persona.

Contenido

Lectura   **Usar información de un texto expositivo**

Ciencias sociales   **Acción/personaje individual**

265

HACIA LAS ESTRELLAS

La historia de Ellen Ochoa

POR ELENA ALONSO

Era el 17 de abril de 1993. La nave espacial *Discovery* estaba lista para regresar a la Tierra después de haber pasado más de nueve días en el espacio. Uno de los cinco astronautas a bordo, la Dra. Ellen Ochoa, acababa de hacer historia. La doctora Ochoa se había convertido en la primera mujer hispana en viajar al espacio.

El *Discovery* despega.

Ellen Ochoa nació en 1958 en Los Ángeles, California.
Ella tenía once años cuando los astronautas llegaron por
primera vez a la luna. Entonces, ella no soñaba que algún día
sería astronauta.

La tripulación del
Discovery, 1993

"En aquella época no había ninguna mujer astronauta y sólo muy pocas eran científicos", dice ella. "Por eso cuando estaba en la escuela no se me ocurrió pensar que cuando fuera mayor podría ser astronauta".

Hoy día, Ellen disfruta contándoles a los niños sobre su trabajo de astronauta. Ella los anima, especialmente a las niñas, para que estudien matemáticas y ciencias.

Las asignaturas favoritas de Ellen cuando estaba en la escuela eran las matemáticas y la música. Ella también tocaba la flauta. De hecho, tocaba tan bien la flauta que una orquesta juvenil de San Diego le pidió que tocara con ellos.

El cargamento de la
nave espacial

"Sólo tú pones límites a lo que puedes lograr. ¡No tengas miedo y ve hacia las estrellas!"

Varios años después de la universidad, Ellen decidió que quería ser astronauta. Se fue a Houston, Texas, donde se encuentra el programa espacial de la NASA. Mientras tanto, como un pasatiempo, empezó a aprender a pilotar un avión.

En 1990, la NASA escogió a Ellen para ser astronauta en su programa. Tres años después, realizó su primer vuelo espacial. Su trabajo consistía en operar un brazo robot que podía enviar pequeños satélites al espacio y luego recuperarlos de nuevo.

Ellen Ochoa con su hijo

270

Ellen Ochoa
voló con otros
seis astronautas
en el *Discovery*
en 1999.

Desde su primer vuelo, Ellen ha pasado casi 500 horas en el espacio. En un viaje, Ellen y su equipo viajaron 4 millones de millas en ¡235 horas y 13 minutos!

Ellen está orgullosa de ser la primera mujer hispana astronauta. Ella les dice a los niños que trabajen duro para llegar a ser lo que ellos quieran ser. Ella dice, "Sólo tú pones límites a lo que puedes lograr. ¡No tengas miedo y ve hacia las estrellas!"

EL PRESIDENTE
Theodore Roosevelt

por Stephen Berman

SER PRESIDENTE DE LOS ESTADOS UNIDOS es sólo un sueño para muchas personas. Pero Theodore Roosevelt hizo mucho más que soñar con ello. "Mantén la mirada en las estrellas y los pies en la tierra", le gustaba decir.

el presidente Roosevelt

el presidente Roosevelt con su familia

TR, como sus amigos lo llamaban, nació en 1858 en Nueva York. Cuando era muy pequeño, tenía asma. Luego, empezó a hacer ejercicio todos los días. Se puso fuerte y en forma. Aprendió a amar los deportes y las actividades al aire libre.

A TR también le gustaba leer y escribir. Pero sobre todo, adoraba la naturaleza. A los siete años, empezó el museo de historia natural Roosevelt en la casa de sus padres. Su museo estaba repleto de huesos, pieles y cráneos de animales que él había encontrado. Su amor por la naturaleza siguió siendo una parte importante de su vida cuando fue presidente.

El rostro de sesenta pies de Theodore Roosevelt tallado en piedra en el monte Rushmore, Dakota del Sur.

Theodore Roosevelt fue elegido vicepresidente en 1900. Pero poco antes de pasado un año, al morir asesinado el presidente William McKinley, TR se convirtió en presidente. Sólo tenía cuarenta y dos años. Es el presidente más joven de la historia de los Estados Unidos.

Theodore Roosevelt y un amigo contemplan el paisaje en el Parque Nacional Yosemite.

Cuando TR era presidente, hizo leyes para crear bosques y parques nacionales. Por eso se le conocía como el "presidente conservacionista".

Theodore Roosevelt fue presidente desde 1901 hasta 1909. Él murió diez años después, el 16 de enero de 1919. Tenía sesenta años.

Hoy día aún podemos disfrutar de los hermosos parques que él ayudó a crear.

Parque Nacional Theodore Roosevelt, Dakota del Norte

TR y el "osito Teddy"

El osito de peluche fue nombrado "osito teddy" en honor al presidente Theodore Roosevelt, cuyo apodo era "Teddy". Algunos fabricantes de juguetes tuvieron la idea de fabricar ositos de peluche. Sabían que al presidente Roosevelt le gustaban los animales y uno de los fabricantes le pidió permiso para llamarlos "ositos Teddy". A TR le gustaban los ositos, pero nunca le gustó el apodo de "Teddy".

TEDDY BEAR

TOY CO.

OTTO SCHMIDT & SONS
NEW YORK, N.Y.

WILMA RUDOLPH

CAMPEONA OLÍMPICA DE ATLETISMO

POR VERONICA FREEMAN ELLIS

T ODAS LAS MIRADAS

estaban puestas en la niña que

caminaba hacia el altar. ¿No era

ella Wilma Rudolph, la niña que

siempre llevaba un aparato

ortopédico en la pierna izquierda?

Sí, la misma. Pero ese domingo

por la mañana en la iglesia,

Wilma caminaba sin el aparato.

Todos estaban sorprendidos, pero

Wilma siempre supo que algún

día volvería a caminar.

277

Wilma gana los 100 metros planos.

Wilma participa en la carrera de relevos de 400 metros.

"Los médicos me dijeron que nunca volvería a caminar", dijo Wilma muchos años después, "pero mi madre me dijo que algún día caminaría, y yo le creí a ella".

Wilma Rudolph nació en Bethlehem, Tennessee, en 1940. Justo antes de cumplir los cinco años, Wilma contrajo una enfermedad muy grave que le paralizó la pierna izquierda.

Wilma recibe una de sus tres medallas de oro.

Wilma estaba decidida a caminar. Todos los días hacía ejercicios para fortalecer la pierna. Aunque los médicos le habían puesto un aparato ortopédico en la pierna, ella se lo quitaba cada día para hacer sus ejercicios. Cuando tenía doce años, se quitó el aparato ortopédico y nunca más se lo volvió a poner.

A los dieciséis años, Wilma Rudolph se convirtió en el miembro más joven del equipo olímpico de atletismo de los Estados Unidos de 1956. Ese año ganó una medalla de bronce en la prueba de relevos.

En 1960, Wilma se hizo famosa en todo el mundo. En los Juegos Olímpicos de Roma, Italia, ganó una medalla de oro en la prueba de 100 metros planos. Ganó una segunda medalla de oro en la prueba de los 200 metros planos.

Había llegado el momento de la carrera de relevos de 400 metros. Wilma era la última corredora del equipo. Le tocaba a ella cruzar la meta. Cuando su compañera de equipo le dio el testigo, a Wilma ¡casi se le cayó! Su equipo pasó a tercera posición, pero Wilma no se dio por vencida. Corrió tan rápido como pudo, ¡y ganó!

FECHAS Y EVENTOS IMPORTANTES

1940

Wilma Rudolph nace el 23 de junio.

1956

Gana una medalla de bronce en los Juegos Olímpicos.

1960

Gana tres medallas de oro en los Juegos Olímpicos de Roma.

Wilma Rudolph se convirtió en la primera mujer norteamericana en ganar tres medallas de oro en atletismo en los mismos Juegos Olímpicos. La niña a quien dijeron que nunca volvería a andar era ahora la corredora más veloz del mundo.

Wilma se retiró de su carrera deportiva en 1962. Se hizo maestra de segundo grado y entrenadora de atletismo de estudiantes de secundaria. También comenzó la Fundación Wilma Rudolph, cuya misión es enseñar a los atletas jóvenes que ellos también pueden ser campeones.

1962

Wilma se retira de su carrera deportiva.

1981

Comienza la Fundación Wilma Rudolph.

1983

Wilma es elegida para formar parte del Salón de la fama de atletas olímpicos estadounidenses.

1994

Muere el 12 de noviembre en Brentwood, Tennessee.

Narrar

Escribe una biografía

Escoge una persona sobre la que quieras saber más cosas. Podría ser un explorador, un presidente o una estrella del deporte. Busca información de esa persona en libros, enciclopedias o en Internet. Luego, escribe su biografía.

Consejos

- Escribe un comienzo interesante para la biografía.
- Primero escribe sobre los primeros años de la vida de tu personaje.
- Luego, escribe sobre lo que hizo cuando fue mayor.
- Escribe un título que atraiga la atención del lector.

El ex presidente Jimmy Carter ayuda a construir casas para la gente que las necesita.

Yo-Yo Ma toca el chelo.

Escritura Organizar ideas relacionadas
Entender materiales de referencia

Conoce a estas personas

Un libro ilustrado sobre Abraham Lincoln
por David A. Adler (SM)
Narra la vida del popular presidente, desde su infancia hasta la Guerra Civil.

Feliz cumpleaños, Martin Luther King
por Jean Marzollo (Scholastic)
Este gran líder hizo de los Estados Unidos un lugar mejor para todos.

Roberto Clemente: Atleta y héroe
por Diana Pérez, Ph.D.
(Modern Curriculum Press)
Un niño se convierte en un jugador de béisbol famoso, pero siempre ayuda a las personas que lo necesitan.

¡Aplausos!

Mi música
alcanza
el cielo.

dicho chippewa

285

Tema 6

¡Aplausos!

Contenido

Biblioteca fonética

- **Eugenio pide auxilio**
- **Luisa, la ruidosa**
- **La clase de hoy**
- **Concurso de talentos**
- **Güicha**
- **Un oficio divertido**

Superlibro

La banda de la calle Beale
por Art Flowers

Libros del tema

El gallo Jacinto
por Ricardo Alcántara

El trompetista y la Luna
por Xelís de Toro

¡Adelante! Libros de práctica

La Feria del Condado
por Lee S. Justice

Libros relacionados

Si te gusta...

La clase de dibujo
por Tomie dePaola

Entonces lee...

La leyenda del pincel indio
por Tomie dePaola
(Putnam)

El pequeño Topo busca una manera de pintar los colores del atardecer.

Un pasito... y otro pasito
por Tomie dePaola (Ekaré)

Cuando el abuelo se enferma, un niño lo ayuda con todo.

Si te gusta...

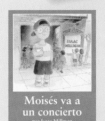

Moisés va a un concierto
por Isaac Millman

Entonces lee...

Hecho en México
por Peter Laufer
(National Geographic)

Descripción de la importancia de la guitarra en Paracho, México, la ciudad que es el centro de la industria de la guitarra en ese país.

¡Música para todo el mundo!
por Vera B. Williams
(Mulberry Books/William Morrow)

Para recaudar fondos, Rosa y sus amigos forman una banda.

Si te gusta...

El mural de la escuela
por Sarah Vázquez

Entonces lee...

Diego
por Jonah Winter (Knopf)

Este libro presenta la vida y obra del artista mexicano Diego Rivera.

Mi primer libro de arte, dibujo y manualidades
por Mick Manning (Everest)

Este libro presenta temas básicos sobre el arte.

Tecnología

En Education Place

Añade tus informes de estos libros o lee los informes de otros estudiantes.

Education Place®

Visita www.eduplace.com/kids

La clase
de dibujo
por Tomie dePaola

**La clase
de dibujo**

Vocabulario

bata
copiar
creyones
polvos
practicar
tiza

Estándares

Lectura
• Usar patrones
  de ortografía

Ser artista

La clase de dibujo es la historia de un niño que quiere ser artista cuando sea mayor. ¿Qué necesitas para ser artista? Depende del tipo de artista que quieras ser.

Los creyones son estupendos para hacer dibujos de colores brillantes.

A muchos artistas les gusta dibujar con tiza.

Algunas pinturas se hacen mezclando agua con polvos de colores.

Es común entre los estudiantes de arte copiar pinturas o ilustraciones de pintores famosos. Hay que practicar mucho para llegar a ser un buen artista.

Cuando pintes, es bueno que te pongas una bata para no ensuciarte la ropa.

La clase
de dibujo

por Tomie dePaola

Estrategia clave

Al leer sobre un niño al que le encanta dibujar, **evalúa** la forma en la que el autor usa las palabras y las ilustraciones para contar el cuento.

Tommy sabía que cuando fuera mayor
quería ser artista. Él dibujaba en todos los
lugares a los que iba. Era lo que más le
gustaba hacer.

Sus amigos también tenían pasatiempos favoritos.
Jack coleccionaba todo tipo de tortugas. Herbie
construía grandes ciudades de arena. A Jeannie, la
mejor amiga de Tommy, le encantaba hacer volteretas
y ponerse boca abajo.

Tommy, en cambio, dibujaba, dibujaba y dibujaba.

Sus dos primas gemelas, que ya eran
mayores, estudiaban en una escuela de arte
porque querían ser artistas de verdad. Ellas
le dijeron que no debía copiar, sino practicar,
practicar y practicar. Y eso es lo que él hacía.

Tommy colgaba sus dibujos en la pared de
su mitad del cuarto.

Su mamá los ponía por toda la casa.

Su papá los llevaba a la barbería donde trabajaba.

Tom y Nana, los abuelos irlandeses de
Tommy, tenían dibujos suyos en su tienda de
comestibles.

Nana-Fall-River, su abuela italiana del
pueblo Fall River, enmarcó uno de sus dibujos
y lo puso en una mesa al lado de la foto de Tía
Clo vestida de novia.

Una noche, Tommy tomó una linterna y un lápiz,
se escondió debajo de la cobija y se puso a dibujar en
las sábanas. El lunes por la mañana, cuando su mamá
cambió las sábanas y vio los dibujos, le dijo:

—¡No vuelvas a pintar en las sábanas, Tommy!

Sus papás estaban construyendo una casa nueva, y Tommy la dibujaba tal y como pensaba que iba a ser cuando estuviera terminada.

Cuando las paredes aún estaban sin pintar, uno de los carpinteros le dio a Tommy una tiza de color azul brillante. Él tomó la tiza y dibujó bonitos dibujos por todas las paredes.

Pero cuando llegaron los pintores, su papá le dijo: —Tommy, ya no puedes dibujar más en las paredes.

Tommy tenía muchas ganas de ir al kindergarten.
Su hermano Joe le había dicho que una profesora de
arte de verdad iba a la escuela a dar una CLASE DE
DIBUJO.

—¿Cuándo vamos a tener clase de dibujo?
—preguntó Tommy a la maestra del kindergarten.

—Tú no vas a tener clase de dibujo hasta el
próximo año —le contestó la señorita Bird—. Pero
mañana vamos a dibujar.

Pero no fue divertido.

La pintura era horrible y el papel se arrugaba todo. La señorita Bird preparó la pintura mezclando agua y polvos de diferentes colores en unos recipientes. La pintura no se agarraba bien al papel y se agrietaba.

Cuando Tommy llevaba su dibujo a casa, si hacía viento, la pintura salía volando del papel.

—¡En el kindergarten, por lo menos te dan más de una hoja de papel! —le decía su hermano Joe—. Cuando venga la profesora de dibujo, sólo te dará una.

Tommy sabía que la profesora de arte iba a
la escuela un miércoles sí y otro no. Él estaba
convencido de que era toda una artista, porque
llevaba una bata azul sobre su ropa y una caja
de tizas de colores.

Un día, Tommy y Jeannie miraban los
dibujos que estaban colgados en el pasillo.
Eran de los alumnos de primer grado.

—Tus dibujos son mucho mejores —le dijo
Jeannie—. El próximo año, cuando tengamos
clases de dibujo de verdad, tú serás el mejor.

Tommy estaba tan entusiasmado que ya no
podía esperar más. Se había pasado el verano
practicando. El día de su cumpleaños, pocos días
después de que comenzara la escuela, sus papás
le regalaron una caja con sesenta y cuatro
creyones Crayola.

En las cajas normales sólo había rojo,
anaranjado, amarillo, verde, azul, violeta,
marrón y negro. Pero la suya tenía muchos otros
colores: azul–violeta, turquesa, rojo–anaranjado,
rosa, y hasta los colores oro, plata y cobre.

—Niños —dijo la señorita Landers, la
maestra de primer grado—, el próximo mes
vendrá a nuestra clase la profesora de arte.
Así que el lunes, en vez de tener clase de
canto, practicaremos con los creyones.

El lunes, Tommy llevó sus sesenta y cuatro
creyones a la escuela. Pero a la señorita Landers
no le gustó.

—Todos deben utilizar los mismos creyones
—dijo—. ¡LOS CREYONES DE LA ESCUELA!

Los creyones de la escuela sólo tenían los ocho
colores de siempre. Mientras la señorita Landers
los repartía entre la clase, dijo: —Estos creyones
son propiedad de la escuela, así que no los rompan,
no les quiten el papel y no les gasten la punta.

—¿Cómo voy a ser un verdadero artista si sólo puedo practicar con los CREYONES DE LA ESCUELA?
—le preguntaba Tommy a Jack y a Herbie.

—Silencio, Tommy —dijo la señorita Landers—. Quiero que te lleves a casa los creyones que te regalaron para tu cumpleaños y que los dejes allí.

Joe tenía razón. Sólo les dieron UNA hoja de papel a cada uno.

Y por fin llegó el día de la clase de dibujo.
Esa noche, Tommy casi no pudo dormir.

A la mañana siguiente, escondió su caja de
sesenta y cuatro creyones debajo de su suéter y
se fue para la escuela. ¡Estaba listo!

La puerta de la clase se abrió y entró la
profesora de arte. La señorita Landers anunció:
—Niños, ella es la señorita Bowers, la profesora de
arte. Patty, que es la encargada de repartir el papel
esta semana, les dará una hoja a cada uno.
Y recuerden, no la rompan, porque es la única que
les vamos a dar. Y ahora, presten atención a la
señorita Bowers.

—Niños —comenzó diciendo la señorita
Bowers—, como pronto será el Día de Acción de
Gracias, vamos a aprender a dibujar una mujer
peregrina, un hombre peregrino y un pavo.
Fíjense bien y copien lo que yo hago.

¿Copiar? ¿COPIAR? Tommy sabía que los artistas de verdad nunca copian.

¡Qué horrible! Se suponía que iba a ser una clase de dibujo auténtica. Enojado, se sentó y se cruzó de brazos.

—¿Qué es lo que pasa ahora? —le preguntó la señorita Landers.

Tommy no la miró y habló directamente con la señorita Bowers.

—Señorita Bowers —le dijo—, cuando yo sea mayor seré artista, y mis primas me han dicho que los artistas de verdad no copian. Además, la señorita Landers no me deja usar mis sesenta y cuatro creyones Crayola.

—¡Bueno! ¡A ver! —dijo la señorita Bowers—.
¿Y qué podemos hacer?

Se volvió hacia la señorita Landers y las dos hablaron
durante un rato, hasta que la señorita Landers dijo que
sí con la cabeza.

—Bueno, Tommy —dijo la señorita Bowers—. No es
justo que tú hagas algo diferente al resto de la clase.

—Pero tengo una idea: si pintas la mujer peregrina, el hombre peregrino y el pavo, y si aún sobra tiempo, te daré otra hoja de papel para que pintes lo que quieras con tus propios creyones. ¿Podrás hacerlo? —le preguntó la señorita Bowers.

—Lo intentaré —contestó Tommy con una gran sonrisa.

Y lo hizo.

Y lo hizo.

Y aún lo sigue haciendo.

Conozcamos al autor e ilustrador

Tomie dePaola

Archivo de datos

- Tomie dePaola se crió en Meriden, Connecticut, y muchos de sus cuentos tratan de su infancia allí. El cuento *La clase de dibujo* está basado en su propia vida.
- De niño, algunos de sus pasatiempos favoritos eran dibujar, pintar, escribir poemas y bailar tap.
- Las pinturas que él utiliza para sus ilustraciones son témperas, acuarelas y acrílicos.

Otros libros

La leyenda del pincel indio

The Baby Sister

26 Fairmont Avenue

Tomie dePaola escribió *La clase de dibujo* para su maestra de dibujo preferida, la auténtica señorita Beulah Bowers. Para saber más cosas acerca de la historia real detrás de *La clase de dibujo,* visita Education Place. **www.eduplace.com/kids**

Reacción

La clase
de dibujo
por Tomie dePaola

Piensa en la selección

1. ¿Por qué crees que Tomie dePaola escribió este cuento?

2. Las primas de Tommy le dijeron que no copiara. ¿Qué te parece ese consejo?

3. ¿Por qué crees que Tommy decidió volver a llevar sus creyones nuevos a la escuela?

4. ¿Qué crees que se decían al oído la señorita Landers y la señorita Bowers?

5. **Conectar/Comparar** ¿Qué pensaban algunos de los otros personajes del cuento del talento de Tommy para dibujar?

Informar

Escribe una invitación

Escribe una invitación para una exposición de arte en tu escuela. Cuéntale a un amigo todo acerca de tu exposición de arte.

Consejos

- Di dónde y cuándo tendrá lugar la exposición.
- Usa adjetivos para que la exposición suene interesante.

320

Escritura Lenguaje Organizar ideas relacionadas
Usar las partes de una oración

Arte

Dibuja un trabajo

Escribe en una lista cinco cosas que te gusta hacer. Luego, escoge la que te gustaría hacer como trabajo cuando seas mayor. Dibújate a ti mismo haciendo ese trabajo.

Escuchar y hablar

Representa una conversación

Con un compañero, representen una conversación entre Tommy y una de sus maestras. Usa tu voz para mostrar cómo se siente cada personaje.

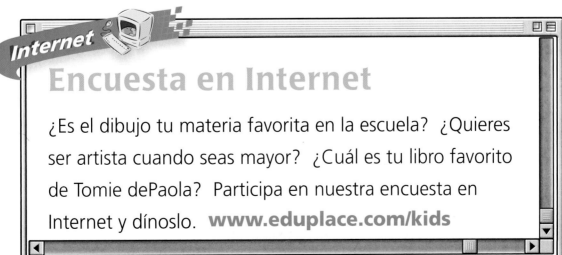

Internet

Encuesta en Internet

¿Es el dibujo tu materia favorita en la escuela? ¿Quieres ser artista cuando seas mayor? ¿Cuál es tu libro favorito de Tomie dePaola? Participa en nuestra encuesta en Internet y dínoslo. **www.eduplace.com/kids**

Escuchar/Hablar **Hablar con claridad/apropiadamente**

Destreza: Cómo mirar las obras de arte

Cuando mires una pintura o una fotografía, hazte preguntas como:

❶ ¿Cuál es el **tema** de la pintura?

❷ ¿Qué **colores** utiliza el artista?

❸ ¿La pintura cuenta una **historia**?

❹ ¿Qué **materiales** utilizó el artista?

Estándares

Ciencias sociales
• **Acción/personaje individual**

Carmen Lomas Garza

Observa detenidamente la pintura de la derecha. Puedes ver una familia que trabaja unida en la cocina. Pudiste haber notado los colores y los diseños vivos. ¿Has visto también las llaves que cuelgan de la pared?

Mira otra vez. Seguro que ahora has visto cosas que no viste la primera vez. La pintura que estás mirando la hizo Carmen Lomas Garza. Las pinturas de Carmen están llenas de detalles interesantes, por eso cada vez que las miras puedes encontrar cosas nuevas.

Tamalada, 1987

Carmen aprendió a dibujar ella sola practicando todos los días. Ella pintaba cualquier cosa que tenía enfrente: libros, gatos, su mano izquierda, sus hermanas y hermanos, bolsas de papel, flores. Carmen dibujaba todo lo que estaba inmóvil por unos minutos.

Guacamole, 1989

Una pintura puede ser el dibujo de personas bailando en una fiesta. Otra pintura puede mostrar a Carmen y algunos miembros de su familia recogiendo fruta, celebrando un cumpleaños o simplemente reunidos para preparar una comida. A veces, hasta incluye al gato de la familia o a una lagartija que se paseaba por el porche.

Naranjas, 1990

Las pinturas de Carmen han sido expuestas en museos de todo el país. Ella también ha escrito libros populares para niños. Carmen espera que sus pinturas y sus libros ayuden a la gente a aprender más cosas sobre su cultura mexicana-norteamericana.

Instrucciones

El propósito de escribir instrucciones es decir a los demás cómo se hace o prepara algo. Usa esta muestra de escritura de un estudiante como ejemplo para escribir tus propias instrucciones.

> El **título** dice para qué son las instrucciones.

> A veces es bueno **introducir** el tema de tus instrucciones.

Cómo hacer esnórquel

Si te gusta nadar y ver un interesante mundo submarino, tal vez deberías hacer esnórquel. Hacer esnórquel es divertido en cualquier lugar. Puedes hacerlo en la tina de tu casa, en una alberca o en un lago. El esnórquel es un deporte ecológico. Para practicarlo necesitas llevar unas gafas de buceo y una especie de tubo especial llamado esnórquel que sirve para respirar debajo del agua.

Para hacer esnórquel, necesitas un esnórquel,

Escritura Organizar ideas relacionadas
Desarrollar una secuencia de sucesos

gafas de buceo y aletas. El primer paso es cubrirte los ojos y la nariz con las gafas y ajustarlas bien para que no te entre agua. Luego, ponte el tubo en la boca. Asegúrate de que el esnórquel está arriba de tu cabeza para que cuando nades salga por la superficie del agua. Después, ponte las aletas en los pies.

Por último, empieza a nadar sobre tu estómago y respira por el esnórquel. Y ahora a divertirse. Observa el asombroso mundo submarino. Tal vez verás plantas, rocas, peces, algún pie o hasta ¡el desagüe de la tina!

Las buenas instrucciones dicen lo que hay que hacer en un **orden** que se entienda bien.

Usa **palabras de orden temporal** para mostrarle al lector lo que tiene que hacer primero, luego y por último.

Conozcamos al autor

Bryan O.

Grado: segundo

Estado: California

Pasatiempos: leer libros de no ficción, coleccionar tarjetas de deportes y nadar

Qué quiere ser cuando sea mayor: científico o pastor de la iglesia

Moisés va a
un concierto
por Isaac Millman

Moisés va a un concierto

Vocabulario

audición
instrumentos
señas
sordo
vibraciones

Estándares

Lectura
- Información de tablas y gráficas

Ciencias sociales
- El sonido y las vibraciones

Comunicarse en el lenguaje de las señas

Un **sordo** es una persona que no puede oír parcial o totalmente. En el cuento que vas a leer, un niño sordo y sus compañeros de clase van a un concierto.

¿Cómo puede hablar o disfrutar de la música una persona que no tiene el sentido de la **audición**? Las personas sordas también pueden disfrutar de la música porque pueden sentir las **vibraciones** que producen determinados **instrumentos**, como el tambor y la tuba.

Para comunicarse con otras personas, los sordos dicen lo que quieren por **señas**. El lenguaje de las señas es un tipo de lenguaje que consiste en movimientos de manos.

En el cuento *Moisés va a un concierto*, el personaje que se llama Margarita Elwyn está basado en esta mujer música de la vida real, Evelyn Glennie.

Alfabeto manual

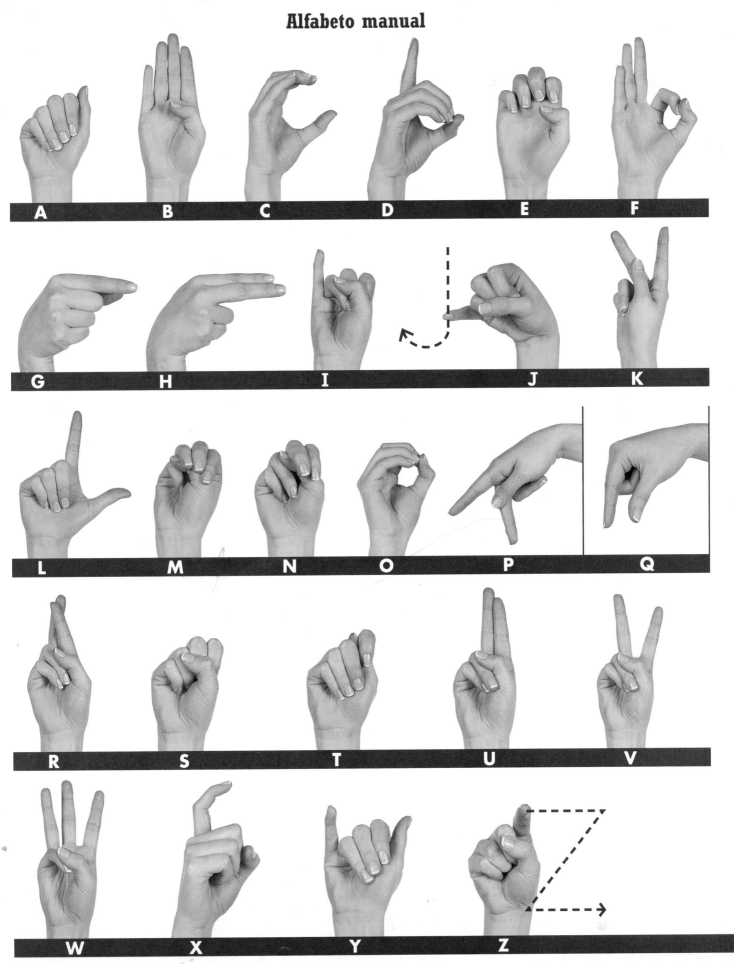

329

Conozcamos al autor e ilustrador
Isaac Millman

Isaac Millman empezó a escribir porque así los cuentos que dibujaba parecían más reales. Él dice que escribir es para él como "dibujar con palabras". Él saca sus cuentos de las cosas que ve a su alrededor.

El señor Millman y su esposa viven en Nueva York. Llevan cuarenta años casados y tienen dos hijos mayores y un nieto. *Moisés va a un concierto* es el primer libro del señor Millman, pero quiere escribir muchos más.

Otro libro ilustrado por Isaac Millman: *Howie Bowles, Secret Agent*

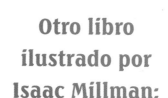

Para saber más cosas acerca de Isaac Millman, visita Education Place. **www.eduplace.com/kids**

330

Moisés va a un concierto

por Isaac Millman

Estrategia clave

Un niño sordo va a un concierto con sus compañeros de clase. Al leer, haz pausas para **resumir** los hechos importantes del cuento.

Lectura **Reestablecer hechos y detalles**

Moisés toca su nuevo tambor.

Él no puede oír el ruido que está haciendo porque es sordo, pero por las manos siente las vibraciones del tambor. Se ha quitado los zapatos para poder sentir también las vibraciones a través de los pies.

| YO | TOCO | EL TAMBOR |

Hoy Moisés va de excursión. Su maestro, el señor Samuels, lleva a los niños de su clase, que son todos sordos, a un concierto para jóvenes.

Al subir al autobús, los niños se preguntan qué hay en la bolsa negra del señor Samuels.

—Una gran sorpresa —dice el señor Samuels por señas.

EL MAESTRO | TIENE | UNA GRAN SORPRESA

En el autobús, Moisés le dice por señas a un
amigo: —¡Juan! Mis papás me regalaron un tambor.

Y por señas también, Juan le responde: —¡A mí
también me dieron uno!

MI

AMIGO

Niños y niñas de toda la ciudad van al concierto.
Moisés y su amigo Juan esperan que todos los niños
y niñas de su clase bajen del autobús para poder
entrar juntos.

339

El señor Samuels lleva a los niños a sus asientos en la primera fila. En el escenario, delante de la orquesta están todos los instrumentos de percusión.

—Niños, la percusionista es amiga mía —les dice por señas el señor Samuels.

UN FUERTE

SONIDO

MUSICAL

341

—¿Qué es un percusionista? —pregunta por señas Ana.

—Un músico que toca instrumentos como el tambor, los timbales, y hasta el piano —contesta el señor Samuels.

Una mujer joven sale al escenario. Todos se levantan y aplauden. Algunos de los compañeros de Moisés agitan las manos en vez de aplaudir. La percusionista sonríe y saluda al público con una reverencia.

NOSOTROS	AGITAMOS LAS MANOS	Y	APLAUDIMOS

—¡Ella no tiene zapatos! —dice por señas Moisés
sorprendido.

El maestro sonríe y, por señas, dice: —Ella también
es sorda. Ella sigue a la orquesta por las vibraciones de
la música que percibe a través de sus pies descalzos.

Luego, el señor Samuels saca once globos de su
bolsa negra y le da uno a cada uno de sus estudiantes.

—¡Oh! ¡Qué globos más bonitos!
—dice Ana por señas.

—Pónganselos sobre las piernas
—les dice por señas el señor Samuels—.
Les ayudarán a sentir la música.

ONCE	BONITOS	GLOBOS

El director se pone de cara a la orquesta y levanta
la batuta. La percusionista golpea el enorme gong y
comienza el concierto.

La percusionista mira al director y se mueve de un instrumento a otro para hacer un sonido. Moisés y sus compañeros sujetan sus globos sobre las piernas. Así pueden sentir las vibraciones de la música a través de ellos.

YO   SIENTO   VIBRACIONES

Al final del concierto, el señor Samuels tiene otra
sorpresa. Él lleva a los niños al escenario para que
conozcan a su amiga Margarita Elwyn.

—Ella les dirá cómo llegó a ser percusionista
—les dice por señas el señor Samuels.

| MIS AMIGOS | Y | YO | SOMOS SORDOS |

—Cuando tenía siete años me enfermé mucho —explica por señas Margarita Elwyn—. Y cuando me recuperé, descubrí que había perdido el sentido de la audición. Me había quedado sorda.

—¿Y qué hizo entonces? —le pregunta Moisés por señas.

YO   TRABAJÉ MUCHO.

MI

CORAZÓN

QUERÍA

QUE YO FUERA

PERCUSIONISTA

Y

YO

LO CONSEGUÍ.

—Ahora pueden tocar mis instrumentos —les
dice Margarita por señas—. Vengan conmigo, niños.

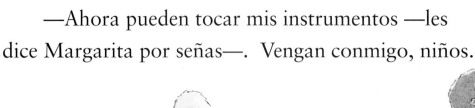

Ana toca la marimba...

Beverly golpea el triángulo...

Mark aporrea el granadero y el platillo...

Diana toca los tontones... Juan golpea el tambor...

y Moisés aporrea el bombo...

David golpea el gong... Tommy y Suzy tocan
las campanas tubulares... mientras Steve golpea el
timbal y María toca las congas.

—¡Niños, tenemos que irnos! —dice el señor
Samuels después de un rato—. Margarita tiene
que prepararse para otro concierto.

Moisés y sus compañeros le dan
las gracias por señas y le dicen adiós
con la mano.

GRACIAS

ADIÓS

357

En el autobús, de regreso a casa, Moisés dice por señas:
—¡Fue muy divertido!

MUY

DIVERTIDO

359

Esa noche, Moisés les cuenta a sus padres sobre el concierto. Esto es lo que dice él:

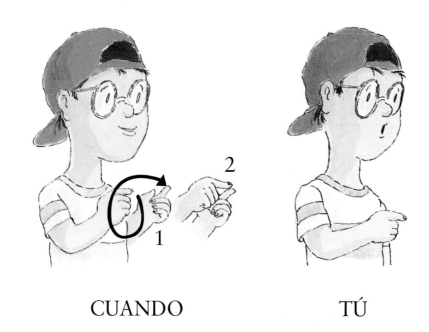

CUANDO   TÚ

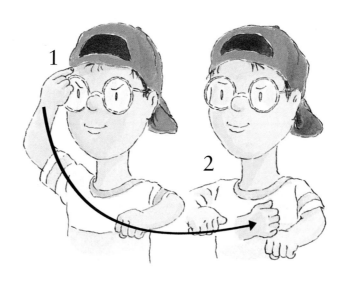

TE LO PROPONES,

TÚ

PUEDES

SER

LO QUE

TÚ

QUIERAS

CUANDO

TÚ

SEAS MAYOR...

361

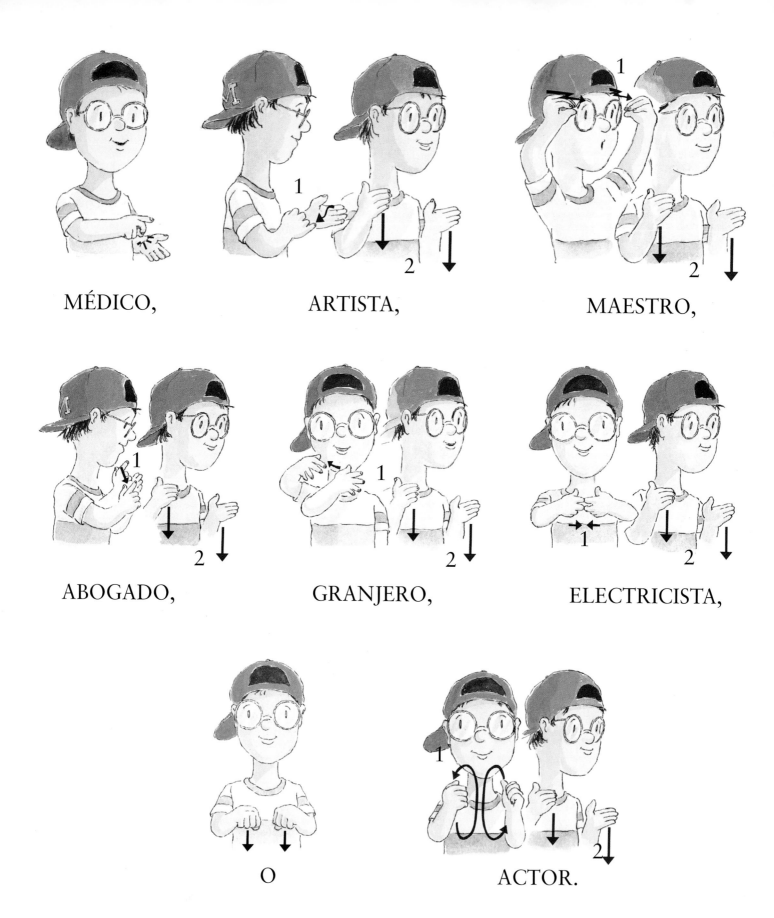

MÉDICO,

ARTISTA,

MAESTRO,

ABOGADO,

GRANJERO,

ELECTRICISTA,

O

ACTOR.

YO

QUIERO

SER

PERCUSIONISTA.

Reacción

Moisés va a un concierto
por Isaac Millman

Piensa en la selección

1. ¿Por qué crees que Margarita Elwyn comparte sus experiencias con la clase de Moisés?

2. ¿Qué detalles te ayudaron a entender cómo Moisés y sus compañeros pudieron disfrutar del concierto?

3. ¿Qué quiere decir Moisés con: "Cuando tú te lo propones, tú puedes ser lo que tú quieras…"?

4. Piensa en algún concierto al que fuiste o en alguna música que escuchaste. ¿En qué se parece tu experiencia a la de Moisés? ¿En qué se diferencia?

5. **Conectar/Comparar** Compara al señor Samuels con las maestras del cuento *La clase de dibujo*.

Expresar

Escríbe una reseña

Piensa en un concierto al que fuiste o en la música que te gusta. Escribe una reseña expresando tu opinión.

Consejos
- Incluye el título de la canción y el nombre del cantante.
- Explica por qué te gustó o por qué no te gustó el concierto o la música.

Lectura — Comparar elementos del cuento
Escritura — Organizar ideas relacionadas

Ciencias

Experimenta con sonidos

Estira una liga sobre la abertura de un vaso de plástico. Puntea la liga como si fuera la cuerda de una guitarra y luego, aprieta suavemente el vaso para cambiar su forma. Puntea la liga otra vez. ¿Cómo cambia el sonido cuando cambias la forma del vaso?

Estudios sociales

Di tu nombre por señas

Estudia el alfabeto de señas de la página 329. Trata de decir tu nombre por señas. Luego, deletrea tu nombre por señas a un compañero.

Extra **Deletrea el nombre de tu compañero por señas.**

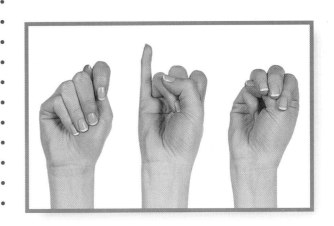

Envía un correo electrónico

¿Qué te gustó del cuento *Moisés va a un concierto*? ¿Hay algo del cuento que no te gustó? Envía un correo electrónico a un amigo. Cuéntale el cuento.

www.eduplace.com/kids

Destreza: Cómo leer el programa de un concierto

Cuando leas el programa de un concierto, busca la siguiente información:

❶ El **título** del concierto, la fecha y la hora aparecen normalmente al principio de la hoja.

❷ Los **intérpretes** son los cantantes y los músicos que hay en el escenario.

❸ El **compositor** escribió la música o la letra.

Estándares

Lectura

• **El propósito del autor**

Ve a un concierto

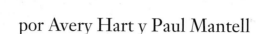

por Avery Hart y Paul Mantell

Si nunca has ido a un concierto, ¡te espera una gran sorpresa! Un concierto es la oportunidad de escuchar a los músicos interpretar la música que mejor conocen.

En la cartelera de espectáculos del periódico encontrarás todos los conciertos que van a haber en tu área. En los tablones de anuncios de las bibliotecas, se anuncian normalmente los conciertos gratuitos. En el verano suele haber muchos conciertos gratuitos porque se pueden celebrar en los parques, y también durante las fiestas. En estas épocas es cuando les gusta tocar a las orquestas de las escuelas y de la comunidad. Pide a un adulto que te lleve a un concierto.

Escuela primaria del Norte   Recital de primavera

21 de mayo, 7:30 p.m.
Dirigido por: Sr. Dawe

Ranas con manchitas verdes

por Raffi   Interpretado por la clase de primer grado de la señorita Cronin

Se tragó una mosca

por Alan Mills   Interpretado por la clase de segundo grado del profesor Lim

Erie Canal

por Thomas S. Allen   Interpretado por la clase de tercer grado de la señorita Serpa

Procura llegar temprano para tomar un buen asiento, por si los asientos no están numerados, es decir, el primero que llega ¡escoge! Durante el concierto, ponte cómodo, deja volar tu imaginación y disfruta. La única regla es: "Prohibido hablar". En un concierto, los únicos que pueden hacer ruido son los músicos.

En los conciertos de música rock y música folk, puedes mostrar tu agradecimiento aplaudiendo durante las canciones. En los conciertos de música clásica, espera hasta el final para mostrar tus emociones, aunque los músicos hagan breves pausas durante la interpretación. Pero al final de un concierto de música clásica, aplaude tan fuerte como quieras. Hasta puedes levantarte y gritar "¡Bravo!" si crees que fue una interpretación fabulosa.

369

Desarrollar conceptos

El mural de la escuela

Vocabulario

bosquejos
escenas
evento
mural
orgullo
proyecto

Estándares

Lectura
- Descifrar palabras polisílabas

Un mural

Un **mural** es un dibujo muy grande que se pinta en una pared o a veces en un techo. Pintar un mural puede ser un gran **evento.** Antes de empezar a pintar, deben dibujarse los **bosquejos,** es decir, las orillas de los dibujos.

En algunas ocasiones, un equipo de personas trabajan juntas para pintar un mural. Trabajar en un gran **proyecto** como un mural, por ejemplo, puede ser más que simple diversión. Para muchas personas es también una forma de expresar su **orgullo,** especialmente si el mural muestra **escenas** que son importantes para la comunidad donde se está pintando el mural.

En el cuento que vas a leer, un grupo de niños de una escuela hacen un mural para mostrar lo que sienten por su escuela.

El mural de la escuela

Escrito por
Sarah Vázquez

Ilustrado por
Melinda Levine

Estrategia clave

Un grupo de estudiantes trabajan juntos para mostrar su orgullo por su escuela. Al leer el cuento, piensa en **preguntas** que podrías hacerles sobre su experiencia.

1
La noticia

Una mañana, la señorita Sánchez dio los buenos días a la clase y anunció: —¡Tengo noticias! Muy pronto nuestra escuela va a cumplir cincuenta años. Y el veinticinco de mayo vamos a celebrar el evento con una gran fiesta. Cada clase hará un gran proyecto relacionado con la escuela o la comunidad.

—¿Qué podemos hacer? —preguntó Paul.

—Seguro que se les ocurren algunas buenas ideas —respondió la señorita Sánchez.

Los niños salieron al recreo. Mei Lee y Paul
fueron corriendo a los columpios. A ellos les gustaba
ver quién se columpiaba más alto.

Mei Lee se puso a pensar en el proyecto.

—Creo que para el proyecto debíamos escribir
una canción o representar una obra de teatro.
¿Qué piensas tú? —preguntó Mei Lee.

—Eso ya lo hemos hecho antes. Debemos hacer
algo diferente. Este proyecto es muy importante
—dijo Paul.

Mientras Mei Lee se columpiaba muy alto, miró
hacia la calle y vio el edificio que había enfrente de
la escuela. En la fachada había dibujado un gran
mural. Y Mei Lee tuvo una gran idea.

**2
La idea del mural**

Ese mismo día, por la tarde, la señorita Sánchez preguntó a los niños de su clase si ya tenían alguna idea. Paul quería crear una enorme pancarta bilingüe en la computadora y luego imprimirla. María quería hacer marcalibros para regalarlos. Edwina tuvo la idea de hacer una tarjeta muy grande y que todos los niños la firmaran. Mei Lee dijo: —¡Hagamos un mural!

—¿Qué es un mural? —preguntó Ted.

—Es un dibujo muy grande que se pinta en la pared de un edificio —respondió Mei Lee y, señalando por la ventana, dijo: —Mira ese mural que hay en la tienda de mascotas.

MASCOTAS

377

La señorita Sánchez escribió las ideas de los niños en el pizarrón y dijo:

—Todas estas ideas son muy buenas. Ahora escojan una en la que todos puedan participar. Miren otra vez la lista y luego vamos a votar para decidir nuestro proyecto.

La señorita Sánchez señalaba cada idea mientras votaban los estudiantes. Muy pocos estudiantes votaron por las primeras ideas de la lista. Luego, ella señaló la idea del mural. ¡Dieciséis niños levantaron la mano!

—Niños, creo que han escogido un buen proyecto en el que todos pueden participar —dijo la señorita Sánchez.

PANCARTA BILINGÜE
MARCALIBROS
TARJETA
MURAL
CANCIÓN
OBRA DE TEATRO

3
El plan

—Personas de muchas culturas diferentes han pintado en las paredes. Hace mucho tiempo, los hombres de las cavernas pintaban en las paredes de sus cuevas. Esas pinturas cuentan cómo vivían esas personas —dijo la señorita Sánchez mostrando un dibujo de una pintura de una cueva—. Es una especie de mural.

—¡Los murales son enormes! Tendremos que pensar en muchas cosas para dibujar —dijo María.

—Los murales cuentan cosas de las personas y de su comunidad. Piensen en lo que pueden contar sobre la escuela —les dijo la señorita Sánchez.

—Contemos cómo es nuestra banda de música de la escuela —dijo Beto.

—Vamos a necesitar una pared muy grande para pintar el mural —dijo María.

—¿Qué tal la pared de afuera que se ve desde los columpios? —preguntó Paul—. Los niños de todas las clases la ven todos los días.

—Le voy a preguntar al director, el señor Ford, si le parece bien —dijo la señorita Sánchez—. Mei Lee, como la idea del mural fue tuya, por favor ven conmigo a hablar con él.

—Al director le gustó la idea de pintar el mural en la pared —dijo más tarde la señorita Sánchez—. También dijo que le preguntará al periódico local si quieren fotografiar el mural cuando esté terminado. Eso va a enseñar cómo nuestra comunidad trabaja junta.

—¿De dónde vamos a sacar la pintura? —preguntó Beto—. También vamos a necesitar muchos pinceles.

—Podemos pedirle ayuda al profesor de dibujo —dijo Paul—. Tal vez, también podríamos pedir ayuda a nuestras familias. A mí mamá le encanta pintar.

—¡Buena idea! —dijo la señorita Sánchez—. Por favor, digan a sus familias que vamos a hacer un mural y luego yo los llamaré.

4
Pintan el mural

Durante las tres semanas siguientes, todos los niños de la clase trabajaron juntos en el mural. Primero, planearon las escenas que querían dibujar. Luego, el profesor de dibujo ayudó a los niños a dibujar en la pared todos los bosquejos de las diferentes escenas.

Después, empezaron a pintar el mural. Como los veinte niños no podían pintar al mismo tiempo, pintaron por turnos. Primero, pintaron los niños de la banda de música. Luego, pintó el siguiente grupo. Algunos padres ayudaron a pintar las partes más altas del mural cerca del techo. Era mucho trabajo, pero todos se divirtieron.

Pasaron algunas cosas divertidas. Un día, Paul chocó con una bandeja de pintura y se manchó toda la ropa. Luego, resbaló y se apoyó con las manos en la pared. ¡Las huellas de sus manos quedaron pintadas en el mural! Los demás pensaron que se veían bien, y ellos también hicieron lo mismo.

En otra ocasión, Anjelina estaba pintando en lo alto de una escalera. Metió el pincel en el pote de pintura y salpicó pintura por toda la pared. Pero debajo de la escalera estaba Beto, y la pintura también lo salpicó a él. Él tuvo el pelo verde ese día.

5
El periódico

Cuando el mural estuvo terminado, el señor Ford llamó al periódico. Un reportero llegó a la escuela para escribir una historia. Él hizo muchas peguntas a los niños sobre cómo habían hecho el mural. También anotó el nombre de todos los niños. Sacó fotos de los pintores posando delante del mural. Luego, les dijo a todos que la noticia saldría muy pronto en el periódico.

Los niños estaban muy ilusionados por ver el artículo en el periódico. Después de una semana más o menos, apareció el artículo con una gran foto del mural. El titular decía: "Niños muestran orgullo por su escuela".

6
La fiesta

El día de la fiesta, el señor Ford dio un discurso para
todos los niños de la escuela, para sus padres y para los
acompañantes. Él explicó a todos los asistentes el
proyecto que había hecho cada clase. Luego, los invitó a
ver de cerca todos los proyectos. Los niños estaban muy
orgullosos y muy emocionados.

Cuando el señor Ford habló sobre el mural, todos aplaudieron y gritaron entusiasmados. Un vecino se levantó y dio las gracias a los estudiantes por hacer un mural tan bonito. Y dijo que muchas personas lo iban a disfrutar por muchos años.

El reportero del periódico también fue a la fiesta. Él tomó más fotos del mural y de los niños.

Algunos de los niños se lo pasaron tan bien
pintando, que pintar se convirtió en su nuevo
pasatiempo. Tal vez algún día serán pintores
famosos. Y si no, seguro que cuando sean mayores,
todos regresarán a la escuela para recordar su mural
y les contarán la historia del mural a los niños.

Conozcamos a la autora
Sarah Vázquez

Una tarde, Sarah Vázquez estaba en un parque con su hijo Manuel y vio una pared cubierta de *graffiti*. Ellos pensaron que los niños que jugaban en el parque se merecían algo mejor que *graffiti*. Sarah Vázquez escribió *El mural de la escuela* para contar una historia sobre lo que puede pasar cuando la gente decide hacer cosas para mejorar su comunidad.

Conozcamos a la ilustradora
Melinda Levine

Melinda Levine vive en Oakland, California, con su esposo, su hija adolescente, su gato de pelo sedoso y gris, y su gran perro suave y sedoso. Ella creó los *collages* de muchas capas para *El mural de la escuela* con recortes de papel, pegamento, tijeras y otros utensilios para cortar papel.

Otros libros ilustrados por Melinda Levine:

The Stone Soup Book of Friendship Stories
Water for One, Water for Everyone

Para aprender más cosas acerca de Sarah Vázquez y Melinda Levine, y sobre el antiguo arte de los recortes de papel, visita Education Place. **www.eduplace.com/kids**

Reacción

Piensa en la selección

1. ¿Por qué crees que la mayoría de los niños votaron por la idea de Mei Lee?

2. ¿Por qué un mural es una buena forma de mostrar el orgullo por una escuela o una comunidad?

3. ¿Cómo crees que se sintieron los adultos ayudando con el mural de la escuela?

4. Si pudieras planear y pintar un mural para tu escuela, ¿qué escenas mostrarías? ¿Por qué?

5. **Conectar/Comparar** ¿Qué hubiera hecho Tommy, el niño del cuento *La clase de dibujo*, para ayudar con el mural?

Informar

Escribe titulares de periódicos

Un reportero escribió un artículo sobre el mural de la escuela. El titular decía: "Niños muestran orgullo por su escuela". Piensa en otros titulares que podría haber escrito el reportero. Escribe titulares para este artículo.

Consejos

- Lee los titulares de algunos periódicos de verdad para obtener ideas.
- No incluyas palabras como *el, la, los, las* ni *un, una, unos, unas* en tus titulares.

Matemáticas

Haz cálculos aproximados

Busca paredes de tu escuela donde podría pintarse un buen mural. Calcula la altura y la longitud aproximadas de las paredes. Anota tus cálculos. Luego usa una regla de yarda para medir. Anota las medidas.

Extra Escribe en una lista tus medidas de la más larga a la más corta.

Paredes	Altura	Longitud
salón	10 pies	12 pies
pasillo		

Observar

Haz una presentación

Observa detenidamente el mural del cuento. Muéstraselo a un compañero o a un grupo pequeño. Describe lo que se ve en el mural y explica por qué los estudiantes decidieron incluir esas escenas.

Internet

Una visita por Internet

Aprende más cosas acerca de distintas formas artísticas y sus artistas. Visita Education Place y visita un museo de arte en Internet.

www.eduplace.com/kids

Destreza: Cómo leer una tira cómica

- Muchas veces las tiras cómicas incluyen diálogos dentro de los **globos de diálogo.**

- Muchas tiras cómicas usan cuadros para dibujar las **escenas.**

- Si la tira cómica tiene más de una fila de cuadros, lee cada fila de izquierda a derecha y de arriba abajo.

Estándares

Lectura

- **Establecer el propósito de la lectura**

396

Tiras cómicas de la escuela

Mafalda por Quino

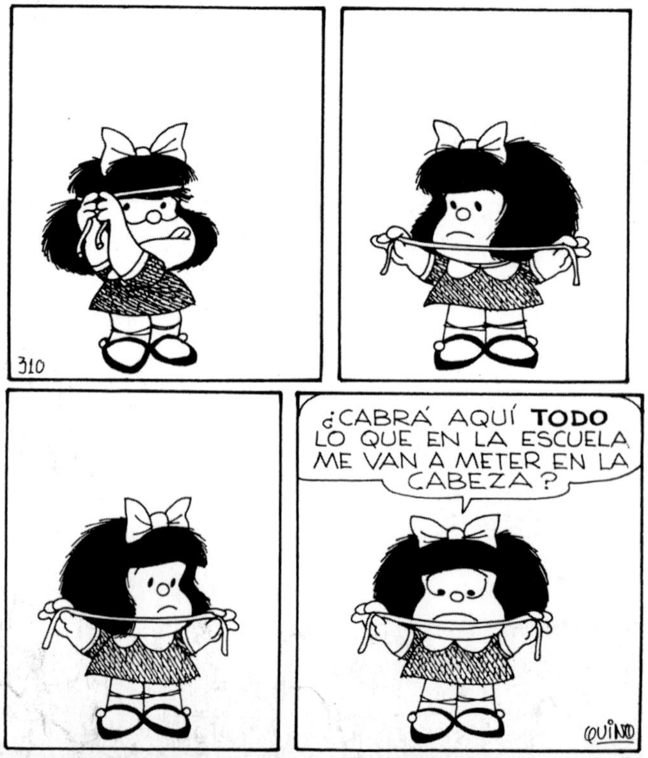

¿CABRÁ AQUÍ **TODO** LO QUE EN LA ESCUELA ME VAN A METER EN LA CABEZA?

✔ Escribir una narración personal

En una prueba te pueden pedir que escribas sobre algo que te pasó en realidad. Lee el siguiente ejemplo de pregunta. Luego, sigue los consejos para escribir tu narración personal.

> **Escribe sobre una ocasión en la que usaste tu talento.**

Una estudiante hizo esta tabla para planificar su respuesta.

Voy a escribir sobre una competencia de natación en el verano.	
Qué pasó: Participé en una prueba de natación.	
Carrera 1: Yo gané la carrera.	Detalle: También nadaron tres niños.
Carrera 2: Llegué de última.	Detalle: Tuve problemas al final.
Carrera 3: Llegué en segundo lugar.	Detalle: Beth llegó de primera.

Escritura · Escribir narraciones breves
Desarrollar una secuencia de sucesos

Aquí tienes un buen ejemplo de narración personal escrita por la misma estudiante.

El comienzo anima al lector a seguir leyendo.

Mi mejor competencia de natación

El sábado pasado nadé en las mejores pruebas de natación de mi vida. Practiqué durante una semana. Mamá y Papá fueron conmigo. Participé en tres carreras.

La primera carrera fue difícil. Tres niños nadaron también. ¡Estaba muy emocionada! Yo gané la carrera. En la segunda carrera llegué la última porque al final estaba muy cansada. Pero no importó porque nadé lo mejor que pude.

Beti, dos niños que no conocía y Víctor nadaron en la última carrera. Mi amiga Beti ganó. Yo llegué en segundo lugar. Creo que soy buena nadadora porque me entreno mucho. Tengo muchas ganas de nadar en el próximo encuentro.

Los detalles dicen qué, quién, por qué, cuándo y dónde.

La última parte explica cómo se sentía el autor o lo que aprendió.

Hay pocos errores de gramática, ortografía, mayúsculas o puntuación.

399

En este glosario encontrarás el significado de algunas palabras que aparecen en este libro. Las definiciones que leerás a continuación describen las palabras como se usan en las selecciones. En algunos casos se presenta más de una definición.

A

accidente
Algo que no querías o esperabas que ocurriera: *Harry tuvo un **accidente** con su bicicleta y se cayó.*

aceptar
Decir que sí: *Puedo **aceptar** tu ayuda.*

adolescente
Persona que tiene entre trece y diecinueve años: *Mary es una **adolescente** y en su escuela tiene amigos de su misma edad.*

adulto
Persona grande y madura: *Cuando cocino, necesito la ayuda de un **adulto**.*

antena
Órganos delgados que tienen los insectos en su cabeza y que usan para tocar y oler otras cosas: *Las **antenas** de una hormiga la ayudan a encontrar comida.*

antenas

audición

Sentido que nos permite oír:
*La **audición** de mi perrito es muy buena.*

B

bata

Camisa larga o delantal que se pone sobre la ropa para protegerla: *Usé una camisa vieja como **bata** mientras pintaba.*

bosquejo

Dibujo que se hace con líneas pero que no se colorea: *Mis padres hicieron varios **bosquejos** de la casa antes de construirla.*

C

capullo

Envoltura de seda que hacen algunos insectos para protegerse hasta que crecen completamente: *Las orugas se enrollan en **capullos** y salen cuando son adultas.*

capullo

cliente

Persona que compra cosas o servicios: *La señora Cruz es una de las **clientes** que va al supermercado todas las mañanas.*

colonia

Grupo de animales, plantas o personas que viven o crecen juntos: *Las hormigas viven juntas en grandes **colonias.***

copiar

Hacer una cosa igual que otra cosa: *Todos tuvimos que **copiar** las letras del pizarrón.*

creyón

Trozo largo de cera de color que se usa para pintar o dibujar: *Cada caja tiene ocho **creyones.***

creyones

cultura

Cosas que un grupo de personas hace o piensa y las leyes que ellos respetan: *Los deportes, como el béisbol, son parte de muchas **culturas** del mundo.*

D

defender

Cuidar a alguien o algo y mantenerlo a salvo: *Los osos usan sus garras para **defender** a sus cachorros.*

defendían

Forma de **defender**: *Los perros **defendían** la puerta del frente para que nadie pasara.*

discusión

Conversación entre dos personas que no están de acuerdo y están molestas: *Miko tuvo una **discusión** con Sofía sobre quién pintaba mejor.*

disputa

Conversación entre personas que no están de acuerdo y están molestas: *Marta y Joe tuvieron una **disputa** sobre quién limpiaría después de comer.*

E

enojada/enojado

Molesto con alguien, bravo: *María está **enojada** porque su hermana le quitó su muñeca.*

entretener

Hacer que alguien pierda el interés en algo y que preste atención a otra cosa: *Tengo que **entretener** a mi hermanito porque está llorando.*

escena

Lugar, dibujo o pintura de algo que ve alguien: *Las postales tienen **escenas** de Italia.*

estruendo

Ruido muy fuerte: *Desde mi casa escuchamos el **estruendo** del tren todos los días.*

evento

Algo que pasa: *El primer **evento** de la fiesta fue un juego.*

F

fastidio

Cuando alguien no es agradable: *Esa mosca es un **fastidio** porque pasa volando cerca de mi cabeza a cada rato.*

G

gemelo

Dos niños que nacen juntos: *Mis primos son **gemelos** y son idénticos.*

gruñir

Hacer un ruido profundo con la garganta para mostrar dolor o rabia: *Los ositos estaban **gruñendo** mientras jugaban.*

H

hongo

Algo viviente que no es una planta ni un animal, y que no tiene flores, hojas o color verde: *Vi un **hongo** con forma de sombrero.*

hongos

horizonte

Línea en la que la tierra y el cielo parecen unirse: *Antes de que se haga de noche, el sol se veía como una naranja grandota en el **horizonte**.*

I

ingrediente

Parte de una mezcla: *Compramos todos los **ingredientes** para hacer un pastel de calabaza.*

instrumento

Objeto que se usa para tocar música: *Las flautas son **instrumentos** que producen sonidos suaves.*

L

larvas

Insectos que acaban de nacer, que no tienen alas y que parecen gusanitos: *Las orugas son **larvas** que crecen y se convierten en mariposas.*

larva

M

mal humor

Lo que siente alguien que está molesto o tiene rabia: *Andrés estaba de **mal humor** cuando su mamá le dijo que saliera de la piscina.*

masa

Mezcla espesa de harina y líquidos que se usa para hacer pan o alimentos horneados: *Cortamos la **masa** para galletas en pedazos pequeños.*

masa

mural

Pintura que se hace en una pared o en el techo: *Los estudiantes pintaron un **mural** en el salón de clases.*

O

oficial

Policía: *Un **oficial** cuidaba a la gente durante el desfile.*

oficial

orden

Mandato; instrucción que se le da a alguien: *Le enseñé a mi perro a seguir mis **órdenes**.*

orgullo

Sentimiento de felicidad por algo que hiciste o que alguien hizo: *Los padres de Jorge sintieron **orgullo** porque él aprendió a leer rápido.*

P

panadería

Lugar donde se preparan o venden alimentos como pan y tortas: *La **panadería** nueva prepara los mejores panecillos.*

panadería

penalidad

Castigo por romper las reglas o hacer algo malo en un juego: *La **penalidad** por no sacar buenas notas es no practicar deportes.*

percusión

Instrumentos musicales que hacen un sonido especial al golpearlos: *Las congas son instrumentos de **percusión**.*

percusión

polvo

Pedazos pequeñitos de algo: *La cara del payaso tenía **polvos** de colores.*

practicar

Hacer algo varias veces para hacerlo bien: *A Lola le gusta **practicar** cómo saltar la cuerda.*

prometer

Decir que harás algo: *Tengo que **prometer** que estudiaré mucho para poder ir al campamento.*

prometido

Forma de prometer: *Habías **prometido** lavar el carro el sábado que viene.*

protestando

Forma de **protestar**: *Jorge salió del cuarto **protestando** porque no le dieron helado.*

protestar

Quejarse de algo: *Mi tía se pone a **protestar** cada vez que se ensucia el piso de la casa.*

proyecto

Estudio o experimento especial que hacen los estudiantes: *La clase hizo un volcán para un **proyecto** de ciencias.*

público

Personas que se reúnen para escuchar o ver algo: *El **público** llenó el cine antes de que comenzara la película.*

R

receta

Instrucciones para cocinar o preparar algo: *Mary escribió en el pizarrón la **receta** para hacer galletas de avena.*

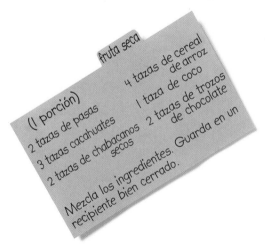

receta

recién nacido

Bebé que acaba de nacer: *Mi hermanito **recién nacido** no ha salido del hospital todavía.*

refunfuñando

Forma de **refunfuñar**: *Jenny fue a la cama **refunfuñando** porque era muy temprano.*

refunfuñar

Decir cosas en un tono molesto: *Escuchamos a mi papá **refunfuñar** cuando vio la lámpara rota.*

relámpago

El rayo de luz que se ve en el cielo cuando hay una tormenta: *El **relámpago** brilló tanto que se vio todo muy claro.*

relámpago

rompan

Forma de **romper**: *Les diré que no rompan los papeles.*

romper

Dañar algo sin que se pueda arreglar después: *Pueden romper el juguete si lo lanzan al piso.*

S

seguridad

Garantía de que se está fuera de peligro: *Seguimos las reglas de seguridad de la escuela para que nadie se lastime.*

seña

Movimiento que se hace con las manos para expresar ideas: *Sam hace señas con las manos para hablar con los niños que no pueden oír.*

sordo

Quien no puede oír: *El señor Li te mira los labios cuando le hablas porque es sordo.*

T

tiempo

Estado de la atmósfera en un lugar o momento determinado, relacionado con el frío, calor, lluvia y viento: *Como el tiempo estaba soleado y cálido, comimos en el parque.*

tiza

Objeto para escribir en el pizarrón que se hace de conchas marinas: *Keisha usó tiza verde para dibujar en el pizarrón.*

tiza

trueno

Ruido profundo y fuerte que viene del cielo durante una tormenta: *El **trueno** fue tan fuerte que no podíamos escuchar nuestras voces.*

túnel

Pasaje subterráneo o bajo el agua: *Algunos animales hacen **túneles** bajo la tierra.*

túnel

V

ventaja

Algo que ayuda a alguien a obtener lo que quiere: *Las ranas tienen la **ventaja** de tener lenguas largas y pegajosas para atrapar insectos voladores rápidos.*

vibración

Movimiento rápido de arriba a abajo o hacia adelante y hacia atrás que se repite: *Los terremotos causan **vibraciones**.*

Acknowledgments

Bagels de jalapeños, originally published as *Jalapeño Bagels*, by Natasha Wing, illustrated by Robert Casilla. Text copyright © 1996 by Natasha Wing. Illustrations copyright © 1996 by Robert Casilla. Translated and reprinted by permission of Simon & Schuster Books for Young Readers, Simon & Schuster Children's Publishing Division. All rights reserved.

Selection from *Bienvenido a la cocina*, originally published as "*Welcome to the Kitchen*," from *Young Chef's Nutrition Guide and Cookbook*, by Carolyn E. Moore, Ph.D., R.D., Mimi Kerr and Robert Shulman, M.D. Copyright © 1990 by Barron's Educational Series, Inc. Translated and reprinted by permission of Barron's Educational Series, Inc.

"*Buen viaje*," by Amado Nervo from *Poesías para niños*, compiled by Mario Alvarez Vasquez. Copyright © 1963 by Centro Editorial "José de Pineda Ibarra," Guatemala. Reprinted by permission of the publisher.

"*¿Cabrá aquí todo lo que en la escuela me van a meter en la cabeza?*," from *Toda Mafalda*, by Quino. Copyright © 1993 by Joaquin Salvador Lavado (Quino). Reprinted by permission of Ediciones de la Flor, Argentina.

"*Calvin and Hobbes*," from *The Indispensable Calvin & Hobbes*, by Bill Watterson. Copyright © Watterson. Translated and reprinted with permission of Universal Press Syndicate. All rights reserved.

Carrusel, originally published as *Carousel*, by Pat Cummings. Copyright © 1994 by Pat Cummings. Translated and reprinted by permission of Simon & Schuster Books for Young Readers, Simon & Schuster Children's Publishing Division. All rights reserved.

"*Carrusel diseñado por niños*," originally published as "*Carousel*," by Kathy Kranking from Ranger Rick magazine, June 1998 issue. Copyright © 1998 by the National Wildlife Federation. Translated and reprinted with the permission of the publisher, the National Wildlife Federation.

"*El comportamiento de los murciélagos*," originally published as "*Bat Attitude*," by Lynn O'Donnell from 3-2-1 Contact magazine, October 1997 issue. Copyright © 1997 by Sesame Workshop. Translated and reprinted by permission of the Sesame Workshop.

El gran partido de pelota, originally published as *The Great Ball Game: A Muskogee Story*, retold by Joseph Bruchac, illustrated by Susan Roth. Text copyright © 1994 by Joseph Bruchac. Pictures copyright © 1994 by Susan Roth. Translated and published by arrangement with Dial Books for Young Readers, a division of Penguin Putnam Inc.

El mural de la escuela, originally published as *The School Mural*, by Sarah Vazquez, illustrated by Melinda Levine. Text copyright © 1998 by Sarah Vazquez. Illustrations copyright © 1998 by Melinda Levine. Translated and reprinted by permission of Steck-Vaughn Company. All rights reserved.

"*Ésta es mi redacción...*," from *Bienvenido Charlie Brown*, by Charles M. Schultz. Peanuts © United Feature Syndicate, Inc. Reprinted by permission of United Feature Syndicate, Inc.

Hermanos y hermanas, originally published as *Brothers and Sisters*, by Ellen B. Senisi. Copyright © 1993 by Ellen B. Senisi. Translated and reprinted by permission of Scholastic Inc.

La clase de dibujo, originally published as *The Art Lesson*, by Tomie dePaola. Copyright © 1989 by Tomie dePaola. Translated and used by permission of G.P. Putnam's Sons, a division of Penguin Putnam Inc.

Las hormigas, originally published as *Ant*, by Rebecca Stefoff. Text copyright © 1998 by Rebecca Stefoff. Translated and reprinted by permission of Benchmark Books, Marshall Cavendish, New York.

"*Las hormiguitas*," from *De Colores and Other Latin-American Folk Songs for Children*, by José-Luis Orozco. Copyright © 1994 by José-Luis Orozco. Used by permission of Dutton Children's Books, an imprint of Penguin Putnam Books for Young Readers, a division of Penguin Putnam Inc.

Moisés va a un concierto, originally published as *Moses Goes to a Concert*, by Isaac Millman. Copyright © 1998 by Isaac Millman. Translated and reprinted by permission of Farrar, Straus & Giroux, LLC.

El oficial Buckle y Gloria, originally published as *Officer Buckle and Gloria*, by Peggy Rathmann. Text and illustrations copyright © 1995 by Peggy Rathmann. Translated and used by permission of G.P. Putnam's Sons, a division of Penguin Putnam Inc.

Pastel de truenos, originally published as *Thunder Cake*, by Patricia Polacco. Copyright © 1990 by Patricia Polacco. Translated and used by permission of Philomel Books, a division of Penguin Putnam Inc.

Selection from "*Parientes*," by Juan Quintana from *Días y Días de Poesía: Developing Literacy Through Poetry and Folklore*, by Alma Flor Ada. Copyright © 1991 by Hampton-Brown Books. Used with permission of the publisher.

"*Sol y hielo*," originally published as "*Sun and Ice*," from *Out of the Bag: The Paper Bag Players Book of Plays*, by The Paper Bag Players. Text copyright © 1997 by The Paper Bag Players. Translated and reprinted by permission of Hyperion Book for Children. All rights reserved.

"*Tengo un hermanito*," from *Poesías para la infancia*, by Alicia María Uzcanga Lavalle, 6a. Ed. Text copyright © 1999 by Alicia María Uzcanga Lavalle. Reprinted by permission of Edamex, S.A. de C.V., Mexico.

"*Ve a un concierto*," originally published as "*Go to a Concert*," from *Kids Make Music! Clapping & Tapping from Bach to Rock*, by Avery Hart and Paul Mantell. Copyright © 1993 by Avery Hart and Paul Mantell. Translated and reprinted by permission of Williamson Publishing Company.

Photography

3 (b) Jens Rydell/Natural Selection. **7** Michael S. Yamashita/CORBIS. **8** © 2002 PhotoDisc, Inc.. **18** Brooke Forsythe **52** Myrleen Ferguson/PhotoEdit. **54-5** Smithsonian National Postal Museum. **56** CORBIS/Dan Guravich. **57** (t) CORBIS/Dan Guravich. **60** (t) Remy Amann-Bios/Peter Arnold, Inc. (l) Zefa Germany/Corbis Stock Market. (inset) Courtesy Marshall Cavendish. **60-1** (bkgd) J.A. Kraulis/MASTERFILE. **61** (inset) Raymond A. Mendez/AnimalsAnimals. **62-3** Hans Pfletschinger/Peter Arnold, Inc. **63** (r) Gary Retherford/NASC/Photo Researchers, Inc. **64** (t) Len Rue Jr. /NASC/Photo Researchers, Inc. (b) Jerome Wexler/NASC/Photo Researchers, Inc. **65** Leonard Lee Rue/NASC/Photo Researchers, Inc. **66-7** J.H. Robinson/NASC/Photo Researchers, Inc. **68** (t) Hans Pfletschinger/Peter Arnold, Inc. (b) Leonide Principe/NASC/Photo Researchers, Inc. **69** Rudolph Freund/NASC/Photo Researchers, Inc. **70** S.J. Krasemann/NASC/Photo Researchers, Inc. **71** John Dommers/NASC/Photo Researchers, Inc. **72** Gary Retherford/NASC/Photo Researchers, Inc. **73** (t) Philip K. Sharpe/Animals Animals. (b) S.J. Krasemann/Peter Arnold, Inc. **74** (l) K.G Preston-Mafham/Animals Animals. (r) Gregory D. Dimijian/NASC/Photo Researchers, Inc. **75** Gregory D. Dimijian/NASC/Photo Researchers, Inc. **76** Donald Specker/Animals Animals. **77** Mantis Wildlife Films, Oxford Scientific Films/Animals Animals. **78-9** Gary Retherford/NASC/Photo Researchers, Inc. **80-1** Hans Pfletschinger/Peter Arnold, Inc. **82-3** Varin/Jacana/NASC/Photo Researchers, Inc. **84** (inset) Raymond A. Mendez/AnimalsAnimals. **85** (l) Bob Anderson/MASTERFILE. **84-5** (t) J.A. Kraulis/MASTERFILE. **88** (icon) © 2002 PhotoDisc, Inc.. **88-9** (bkgd) Ed Bock/Corbis Stock Market. **89** (t) CORBIS/Hulton-Deutsch Collection. (m) Seth Eastman/Wood River Gallery/PictureQuest. (b) Lawrence Migdale/Mira. **90** (t) Mike Greenlar/Mercury Pictures. (b) Courtesy Penguin Putnam. **111** (l) © Planet Earth Pictures 1998/Getty Images. **112** (t) Jens Rydell/Natural Selection. **113** (l) Robin Thomas. (tr) John Serrao/Photo Researchers. (br) CORBIS/Joe McDonald. **114-5** Stephen Dalton/Photo Researchers. **118** (icon) © 2002 PhotoDisc, Inc.. (t) Michael Paras/International Stock. (b) Rob Lewine/Corbis Stock Market. **119** (tl) Ronnie Kaufman/Corbis Stock Market. (tr) Zigy Kaluzny/Getty Images. (bl) MTPA Stock/MASTERFILE. (br) Jon Riley/Getty Images. **126-44** Ellen B. Senisi. **145** Mike Greenlar/Mercury Pictures. **146** Ellen B. Senisi.

412

147 (l) Courtesy Trisha Zembruski. (cl) Michael Newman/PhotoEdit. (cr) David Young-Wolff/PhotoEdit. 154 (t) StockByte. (b) John & Eliza Forder/Getty Images. 154-5 Don Smetzer/Getty Images. 155 Don Smetzer/Getty Images. 156 (t) Courtesy Natasha Wing. (b) Tom Iannuzzi/Mercury Pictures. 184 Courtesy Pat Cummings. 218-21 Photographs © 1997 Christopher Hornsby. 222-3 Corbis Royalty Free. 224 Lawrence Migdale. 264-5 Michael S. Yamashita/CORBIS. 266 NASA. 267 Roger Ressmeyer/CORBIS. 268 (t) CORBIS. (b) NASA. 269 CORBIS. 270 (t) © 2002 PhotoDisc, Inc.. (b) NASA. 271 AFP/CORBIS. 272 (bkgd) © 2002 PhotoDisc, Inc.. (b) Archive Photos/PictureQuest. 273 CORBIS 274 (t) Dave G. Houser/CORBIS. (b) CORBIS/Bettmann. 275 Tom Bean/Corbis 276 (l) Kim Sayer/Corbis. (r) Wood River Gallery/PictureQuest. 277 (t) © 2002 PhotoDisc, Inc.. (b) Jerry Cooke/Life Magazine © Time Inc. 278 Mark Kauffman/Life Magazine © Time Inc. 278-9 AP/Wide World Photos. 279 CORBIS/Bettmann. 280 CORBIS/Bettmann. 281 CORBIS/Bettmann. 282 (t) Robert Maass/CORBIS. (b) AP/Wide World Photos. 284 (bkgd) StockByte. (icon) © 2002 PhotoDisc, Inc.. 284-5 Eyewire. 291 (artwork) *Sunflowers*, Vincent Van Gogh, 1853-90, Dutch, National Gallery, London/SuperStock. 319 © 1997 Suki Coughlin. 322-3 *Tamalada (Making Tamales)*,1987. Carmen Lomas Garza. 324 *Guacamole*, 1989. Carmen Lomas Garza. gouache, 9 x 5 1/2 inches, Collection of Antonia Castaneda and Arturo Madrid, Claremont, CA. 325 *Naranjas (Oranges)*, 1990. Carmen Lomas Garza. 326 Corbis Royalty Free. 328 Dave Schlabowske/TIME Inc. 330 Tom Ianuzzi/Mercury Pictures. 366 © 2002 PhotoDisc, Inc.. 367 Rick Friedman/Black Star/PictureQuest. 368-9 Oliver Benn/Getty Images. 370-1 Jeffry W. Myers/IndexStock. 393 (t) John Redmond. (b) Kenneth Rice Photography. 400 PhotoSpin. 401 © 2002 PhotoDisc, Inc.. 404 (l) Donna Day/Getty Images. (r) Artville. 405 (l) DigitalVision/PictureQuest. (r) Artville. 406 (l) Corbis Royalty Free. (r) Dick Luria/Getty Images. 407 © 2002 PhotoDisc, Inc.. 408 Corbis Royalty Free. 410 Corbis Royalty Free.

Assignment Photography

16–7, 180–1, 258–61, 291, 329, 365 (r) Joel Benjamin. 53, 85 (r), 111, 147 (r), 156–7 (bkgd), 178–9, 217, 257, 321, 395 Ken Karp. 117, 263, 399 Tony Scarpetta.

Illustration

10–11 Copyright © 2001 by Lori Lohstoeter. 58-59 Carolyn Iverson. 84 Mike Reed. 86 William Brinkley & Associates. 86-87 Nancy Gibson-Nash. 124-125 Dave Klug. 148-151 Yayo. 156, 178 Tom Brenner. 183 Clive Scruton. 184(c), 216(c) (b), 217(t) Eileen Gilbride. 224, 256, 257 Jason Farris. 258-261 Mary Lynn Carson. 319, 320 Daniel Del Valle. 330, 364(b), 365 George Ulrich. 393, 394(b), 395 Jim Kelly.